어린이를 위한 미래과학,
빅데이터 이야기

초판 1쇄 발행 2020년 5월 20일
초판 6쇄 발행 2024년 11월 5일

지은이 천윤정
그린이 박선하
펴낸이 이지은 **펴낸곳** 팜파스
기획편집 박선희
디자인 조성미 **마케팅** 김서희, 김민경
인쇄 케이피알커뮤니케이션

출판등록 2002년 12월 30일 제 10-2536호
주소 서울특별시 마포구 어울마당로5길 18 팜파스빌딩 2층
대표전화 02-335-3681 **팩스** 02-335-3743
홈페이지 www.pampasbook.com | blog.naver.com/pampasbook
이메일 pampas@pampasbook.com

값 12,000원
ISBN 979-11-7026-334-0 (73500)

ⓒ 2020, 천윤정

· 이 책의 일부 내용을 인용하거나 발췌하려면 반드시 저작권자의 동의를 얻어야 합니다.
· 잘못된 책은 바꿔 드립니다.

이 도서의 국립중앙도서관 출판시도서목록(CIP)은 서지정보유통지원시스템 홈페이지(http://seoji.nl.go.kr)와 국가자료공동목록시스템(http://www.nl.go.kr/kolisnet)에서 이용하실 수 있습니다.(CIP제어번호: CIP2020016544)

어린이를 위한
미래과학,
빅데이터
이야기

천윤정 글 | 박선하 그림

팜파스

어린이
친구들
에게

빅데이터가 추천해 주는 영화와 책만을 읽고, 비슷한 취향을 가진 사람들만 만난다면? 빅데이터 분석으로 실패와 시행착오들이 없어지고 내가 좋아하는 것들만 할 수 있는 세계라면?

이런 세계가 과연 '멋진 신세계'일까요?

우리는 현재 데이터 시대에 살고 있다고 해도 과언이 아닙니다. 애니메이션이나 SF 소설에서 보던 무인 자동차도, 인공지능 로봇들도 이미 현실이 되고 있어요.

그리고 이 모든 걸 가능하게 하는 '거대한 데이터'들을 만들어 내는 이들은 바로 우리입니다.

친구들에게 내 일상을 알리기 위해 SNS에 올리는 사진 한 장, '좋아요' 누르기, 인터넷 검색, 쿠폰을 얻으려고 입력한 개인 정보, 인공지능 스피커와 나눈 몇 마디 대화 등이 전부 데이터가 되죠.

앞으로 우리는 지금보다 더 많은 데이터들을 매일 만들어 낼 거예요. 그리고 그 덕분에 빅데이터를 활용할 일도 그만큼 많아질 겁니다. 하지만 이런 데이터들이 우리의 편리를 위해 쓰일지, 우리를 감시하는 데 쓰일지, 우리는 알지 못해요. 수많은 데이터가 어디로 갈지, 그 데이터를 책임지고 관리할 사람은 누구일지도 알 수 없죠. 데이터 분석과 이용을 넘어서서 수집한 데이터를 관리하는 데도 많은 관심을 기울여야 하는 이유가 여기에 있습니다.

그래서 우리는 빅데이터가 정확히 뭔지 알고, 주변에서 일어나는 일들에 끊임없이 관심을 가져야 해요. '지금 이런 게 꼭 필요한가, 이게 정말 좋은 일인가, 정말 나의 생각인가.'라고 스스로 묻는 것을 잊지 말아야 할 겁니다.

이 책을 읽는 어린이 여러분이 만약 데이터 과학자를 꿈꾸고 있다면, 사람들의 정보를 하나하나 소중히 여기고 올바른 방향으로 정보를 사용하려는 마음가짐을 꼭 지녔으면 해요.

마지막으로 이 책을 탐험하는 것이 데이터 과학자를 꿈꾸는 어린이 여러분들에게 즐거운 여행이 되기를 바랍니다.

천윤정

차례

어린이 친구들에게 ▶ 4

이야기 하나

마음을 알아맞히는 수상한 상점이 나타났다!

학교 후문에 이상한 상점이 생기다! ▶ 12
미스 와플은 내 마음을 어떻게 알아맞혔지? ▶ 21

빅데이터의 정의에 대해 알아보자!

빅데이터란 과연 무엇일까? 32 ▶ 빅데이터는 왜 생겨난 걸까? 33 ▶ 빅데이터에는 어떤 특징이 있을까? 34 ▶ 정형 vs 반정형 vs 비정형 데이터는 무엇일까? 35 ▶

이야기 둘
미스 와플의 이상한 상점은 정말이지 이상해!

이상한 상점이 이상한 시간대에 문을 여는 이유는? ▶ 40

빅데이터는 우리 산업에서 어떻게 활용될까?

모든 데이터는 구글(Google)을 통한다 52 ▶ 고객이 아닌 데이터가 왕, 아마존! 55 ▶ 범죄! 꼼짝 마! 빅데이터가 간다 57 ▶ '하차 시에도 교통 카드를 찍어주세요' 60 ▶ 빅히어로의 '베이맥스'가 현실에? 61 ▶ "시리. 나 지금 우울한데, 재밌게 해 줘." 63 ▶ 게임, 스포츠, 공공 기관까지! 종횡무진 활약하는 빅데이터! 65 ▶

이야기 셋
두근두근 빅데이터로 공모전에 도전하다!

이번 축제의 주인공은 누가 될까? ▶ 70
데이터가 알려 주는 진짜 정보! ▶ 90

빅데이터는 어떻게 분석할까? 데이터 마이닝에 대해 알아보자!

빅데이터 분석 플랫폼, 하둡이란 뭘까? 98 ▶ 하둡의 핵심 기능! 분산파일 시스템과 맵리듀스! 99 ▶ 핵심 기능과 부수 기능까지 더해진 하둡 생태계! 100 ▶ 여기서 잠깐! 오픈 소스는 뭐고 오픈 API는 뭘까? 101 ▶ 데이터 마이닝이란 무엇일까? 103 ▶

이야기 넷 — 데이터 과학자? 빅데이터 전문가? 미스 와플은 대체 무슨 일을 할까?

빅데이터로 미스 와플의 정체를 밝혀라! ▶ 112

빅데이터와 관련된 직업은 무엇이 있을까?

데이터 세계의 히어로, 데이터 과학자! 126 ▶ 데이터 광부! 빅데이터 분석가 128 ▶ 빅데이터와 관련해서 미래에 어떤 직업들이 나타날까? 129 ▶ 그렇다면 우리는 지금 무엇을 할 수 있을까? 130 ▶

이야기 다섯 — 미스 와플이 위험하다!

미스 와플이 이상한 상점에 온 까닭은? ▶ 134

빅데이터가 지닌 위험성에 대해 알아보자!

빅데이터의 두 얼굴 – '구슬을 올바른 목적을 갖고 제대로 된 방법으로 잘 모았는가?' 148 ▶ 데이터 권력, 현실판 빅브라더가 나타날까? 153 ▶ 데이터와 윤리! 154 ▶

마음을 알아맞히는 수상한 상점이 나타났다!

학교 후문에 이상한… 상점이… 생기다!

"야. 정하린. 나 오늘 되게 신기한 가게 발견했어."

단짝 지호는 워낙 여기저기 돌아다녀 모르는 게 없는 소식통이다. 이번에도 얼마나 대단한 정보를 알아냈는지 눈을 반짝이며 말한다.

"무슨 가게인데?"

"몰라, 근데 이름이 끝내줘. '미스 와플의 이상한 상점'이래."

"뭐야. 와플 가게야?"

"야. 정하린. 내가 그냥 와플 가게면 너에게 말하겠냐."

"와플 가게도 아니면서 이름이 왜 그래?"

"그치? 진짜 웃기지?"

지호는 신이 나 더 이야기하려 했지만 이제 곧 수업 시작이다. 아까부터 선생님이 지호를 예의 주시하는 걸 눈치 꽝 지호만 모른다.

"야. 얼른 자리로 가."

"알았어. 근데 너도 궁금하지?"

"아니거든."

"에이. 그러지 말고 이따 가 보자. 후문에 있어서 진짜 가까워."

"후문에?"

이상한 일이었다. 집에 가는 길이 후문과 더 가까워 계속 후문으로 하교를 했는데도 공사를 하거나 이사하는 건물은 본 적이 없었다.

"응. 후문 쪽에 있는 공터 기억나? 거기 농사짓지 말라는 팻말만 몇 년 붙어 있었잖아. 그 공터에 생긴 컨테이너야."

"공터에 있는 컨테이너라고?"

어째 정보가 더해질수록 정말 평범한 게 없다. 말 그대로 '이상한' 상점 같다.

수업이 시작되었지만, 내 머릿속에는 낡은 컨테이너에서 이상한 와플을 만들어 파는 괴상한 상점이 빙글빙글 돌고 있었다.

"부모님께 학부모 상담 일정 꼭 말씀 드리고. 모두 내일 보자."

선생님의 말씀이 끝나기가 무섭게 아이들은 왁자지껄 떠들며 일어났다. 나 역시 가방을 들고 지호에게 신호를 보냈다. 우리는 총알처럼 교실을 빠져나갔다.

얼마 되지 않는 거리지만, 지호와 나는 숨이 턱 끝까지 차도록 뛰어서 상점 앞에 다다랐다. 그 상점은 이름 그대로 '이상했다.' '미스 와플의 이상한 상점'이라는 희한한 이름은 그렇다 치고, 미스 '와플'인데 상점 어디에도 와플을 연상시키는 그림이나 안내가 없다. 지호의 말대로 와플을 파는 데는 아닌 듯했다.

무엇보다 형태가 독특했다. 이 이상한 상점이 문을 열기까지 우리 중 누구도 몰랐던 건 당연했다. 이건 정말 움직일 수 있는 컨테이너를 가져다 놓고 상점으로 꾸민 거였으니까.

컨테이너는 맑은 날의 하늘처럼 새파란 색과 하얀색으로 칠해져 있었다. 문과 작은 창을 빼고는 전부 막혀 있어 그 안에 뭐가 있을지 전혀 짐작되지 않았다.

아쉬운 점은 아직 상점 문이 닫혀 있다는 것. 지호와 나는 당장이라도 들어가고 싶어 문을 노려보았다. 하지만 그렇게 한다고 문이 열릴 리가 없었다. 우리뿐만 아니라 이상한 상점을 보러 온 아이들이 제법 많았는데, 다들 발길을 돌렸다. 하지만 지호는 포기하지 않았다. 성큼

성큼 걸어가서 작은 창을 보겠다고 점프를 했다. 나는 그 모습이 한심해 피식 웃었다. 지호가 나를 돌아보더니 손을 까딱했다.

"왜?"

"네 가방이랑 내 가방을 겹쳐 놓고 올라서면 안이 보일 것 같아."

흠. 좋은 생각이긴 한데 내 가방이 흙에 닿는 건 싫다. 나는 실내화 가방을 아래 깔고 그 위에 가방을 놓았다. 그 위에 지호의 가방과 실내화 가방을 올렸다.

"안 내면 진다. 가위바위보."

우리는 가타부타 말없이 가위바위보에 돌입했다. 승자는 나! 나는 의기양양하게 가방을 밟고 창 너머를 들여다보았다.

"헐."

"뭔데? 뭔데?"

"와……."

"야. 정하린. 뭔데 그래?"

안달이 난 지호를 놀리고 싶은 마음에 나는 과장되게 외쳤다.

"진짜 신기한 거 많아!"

그 말에 지호는 발을 동동 굴렀다.

"……는 거짓말!"

"뭐야?"

"안이 잘 안 보여. 에잇. 가방만 더러워졌네."

내가 투덜대자 지호가 참지 못하고 가방 위로 올라왔다. 우리는 불편하게 서서 창문 안을 보려고 애썼지만 볼 수 있는 건 없었다.

"진짜 특이하다. 컨테이너에 상점이 있다니."

"그러게. 아직 문도 안 열고."

"방과 후 수업에 가야 되는데."

그러고 보니 벌써 2시다. 상점 앞에는 '조금 이따가 만나요'란 팻말만 바람에 흔들리고 있었다.

"우리 방과 후 끝나고 다시 와 볼까?"

지호의 말에 나는 고개를 끄덕였다. 이런 이상한 가게의 오픈을 놓칠 수는 없지. 방과 후가 끝나고 우리는 다시 상점으로 달려왔다. 이번에는 문이 열려 있었다. 작은 창문과 문만 있다고 생각했는데, 상점의 앞면 철제문이 그냥 올려져 있었다.

"저기 계세…요?"

문이 열린 상점 안에는 아무도 없었다. 시원하게 공개된 안쪽은 기대와는 다르게 의외로 평범했다. 문구류와 수수께끼나 농담을 담은 작은 책들, 스티커, 애들 사이에서 유명한 게임 딱지와 카드,

슬라임이 있었다. 여느 문구사랑 유사한데, 그렇다고 문구사랑 같은가 하면 그건 또 아니었다. 뭐랄까. 특유의 분위기가 있었다.

테이블 위에 커다란 모니터가 있고 그 옆에는 기계들이 죽 놓여 있었다. 거기만 보면 초등학교 앞의 문구사가 아니라 지난번 놀러 간 아빠 회사 같다. 반대쪽에는 옛날 책에 나오는 작은 난로 위에 약간 찌그러진 주전자가 놓여 있다. 천장에는 낡은 나무로 만든 모빌이 리듬에 맞춰 돌아가고 있었다.

상점 한쪽에는 낡은 TV가 있었는데, TV 뒷면이 우리 집 고양이 뱃살만큼이나 퉁퉁했다. 화면은 태블릿 PC보다 작았고, 마침 고양이가 쥐를 잡으려다가 밀가루를 뒤집어쓰는 장면이 나오고 있었다. 소리가 안 들리는데도 그 장면이 엄청 웃겨서 보고 있었다. 그 순간,

"반가워요. 친구들."

갑자기 목소리가 들렸다. 우리는 화들짝 놀라 부둥켜안았다가 금세 떨어졌다. 그러자 허공에서 작게 웃음소리가 들렸다.

"누…누구세요?"

"저는 제인이라고 해요. 미스 와플의 인공지능 비서지요."

"미스 와플요?"

그러고 보니 여기는 '미스 와플'의 이상한 상점이었다. 미스 와플이

사장님이겠지?

"인공지능 비서요?"

"네. 명탐정 제인 마플에서 이름을 따서 제인이에요."

제인? 지호도 신기한지 목이 빠져라 천장을 보며 질문을 했다.

"인공지능이면 누가 만든 거예요? 여기 사장님이 만드신 거예요? 어떤 질문에도 다 답할 수 있어요?"

지호는 궁금한 게 생기면 말이 더 빨라진다. 평소에도 말이 빠른데 이럴 때는 '두다다다' 하는 소리까지 들릴 것 같다. 그때였다.

"아. 드디어 대망의 첫 손님이네."

갑자기 상점 뒤편의 문이 열리고 새하얀 머리를 곱게 틀어 올린 할머니가 들어오셨다. 키가 크고 통통한 할머니는 동그란 안경 너머의 눈을 장난스럽게 접으며 인사를 건넸다.

"안녕. '미스 와플의 이상한 상점'의 미스 와플이에요. 미스 와플이라고 불러도 좋고 그냥 할머니라고 불러도 좋아요. 그나저나 질문을 많이 하면 제인이 당황할 텐데. 궁금한 게 많아도 하나씩 질문할까요?"

장난스럽게 윙크하는 할머니는 이 이상한 가게와 무척 잘 어울렸다. 모든 게 동글동글해 보여서 웹툰 캐릭터 같았다. 나는 미스 와플이라는 재밌는 이름의 할머니가 단번에 좋아졌다.

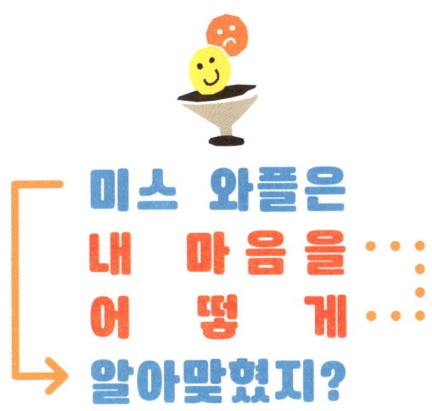

미스 와플은 내 마음을 어떻게 알아맞혔지?

"아, 안녕하세요? 할머니, 말씀 편하게 하셔도 돼요."

어정쩡하게 인사를 건네자 미스 와플은 우리를 보며 환하게 웃었다.

"그럴까? 그나저나 정말 반갑구나. 첫 손님이 오면 어떻게 인사를 해야 하나 어제부터 계속 고민했거든."

미스 와플의 목소리는 낮고 조곤조곤해서 옛날이야기를 해 주시던 외할머니가 떠올랐다. 나는 미스 와플이 조금 더 좋아졌다.

"저… 갑자기 가게가 생겨서 정말 놀랐어요."

"그랬니? 여기는 낡아서 버릴 컨테이너를 재활용한 거야. 학교 바로 옆인데 공사를 하면 시끄럽고 아이들에게도 좋지 않을 것 같아서 이렇게 가게를 꾸몄단다."

미스 와플은 우리가 무얼 궁금해하는지 딱 알고 있는 것처럼 설명해 주었다.

"제인은 인공지능 비서야. 스마트 스피커와 비슷하긴 하지만, 그보다 훨씬 많은 일들을 할 수 있지. 내 일정을 관리해 주고 상점에 필요한 물건을 대신 주문해 준단다. 상점에 있는 물건들을 인터넷으로 서로 연결하기도 하지. 여기를 만드는 데 제인의 도움을 정말 많이 받았어. 이 모든 것이 가능한 건 빅데이터(big data)를 가지고 공부했기 때문이지. 그렇지 않니? 제인?"

"맞아요. 미스 와플. 저는 스마트 스피커 따위보다 훨씬 우수해요."

새침하게 얘기하는 제인은 정말 자부심이 있어 보였다. 지호와 나는 그 모습이 왠지 귀여워 웃음을 터뜨렸다. 그러자 제인이 뽀로통한 목소리로 말을 이었다.

"앞으로 저를 꼭 제인이라고 불러 주셨으면 해요. 제가 가진 데이터는 현재 존재하는 그 어떤 인공지능과도 비교할 수 없거든요."

"데이터요?"

"그래. 제인은 사람과 자연스럽게 대화하며, 나와 함께 일하기 위해 빅데이터를 가지고 열심히 공부한 녀석이야. 아. 그리고 제인은 천

장에 있지 않으니 천장을 보며 얘기하지 않아도 된단다."

미스 와플은 찡긋 윙크를 하며 말을 덧붙였다.

"제인은 아직 어려. 태어난 지 3년 됐지. 그러니 친구처럼 편하게 대하렴. 그럼, 우리 첫 손님들. 편하게 구경하고 원하는 게 있으면 언제든 말해요."

미스 와플은 말을 마치고 커다란 모니터를 들여다보았다. 우리는 편하게 상점에 있는 물건들을 살펴보았다. 상점 분위기가 독특해서 그렇지, 물건들은 여느 문구사에서 볼 수 있는 것들이었다. 그런데 자세히 뜯어보면 범상치 않은 구석이 조금씩 있었다.

지금 내가 발견한 인스(인쇄소 스티커)는 최근 반에서 대유행인 유명 작가의 것이다. 분명 작가의 소셜네트워크서비스(SNS)나 블로그에서만 구입할 수 있다고 들었는데, 여기에 있다니. 나는 속으로 비명을 지르면서 마음에 드는 스티커를 골랐다. 그때 지호가 말을 걸었다.

"이번에 로블로블에 새로 업데이트된 게임 얘기 들었어? 어드벤처 물에 올라온 거."

"아. 레전드?"

"응. 근데 이번에 난이도가 좀 있나 봐. 어제 형이 어려워서 더 재미있는 거라고 어찌나 잘난 척하는지."

"그럼, 잘 안 되면 세호 오빠한테 물어보면 되겠네."

"엑, 형한테 물어보느니 안 하고 말지."

지호는 입을 쭉 내밀었다. 저렇게 툴툴대도 맨날 형이랑 게임하면서…….

내가 별 반응이 없자 지호는 슬쩍 내 손에 들린 스티커를 본다.

"요즘 네가 모으는 거네?"

"응. 이거 사고 그만 나가자."

나는 신중하게 고른 스티커를 들고 지호에게 말했다. 그렇게 처음으로 미스 와플의 상점에서 물건을 샀다.

다음 날, 우리는 학교가 끝나자마자 약속한 것처럼 미스 와플의 이상한 상점으로 향했다.

"어서 와요."

허공에서 상냥한 목소리가 들려왔다. 제인이라는 것을 알면서도 우리는 흠칫하며 허공을 보았다. 그러자 다시 웃음소리가 들렸다. 역시 제인은 진짜 사람 같다.

"어?"

그때 지호가 손가락으로 어딘가를 가리켰다.

"저기 봐."

지호가 가리킨 곳에는 로블로블의 공략집이 있었다. 게다가 새로 나온 게임을 위한 공략집이다. 어제 얘기한 책인데 바로 오늘, 여기서 볼 줄은 몰랐다. 뭔가 귀신에 홀린 기분이었다. 설마 우리 때문에?

나는 반신반의하는 마음으로 미스 와플에게 물었다.

"혹시 저희들이 어제 게임 얘기를 해서 이걸 구해 주신 거예요?"

"물론이지."

겨우 한 번 본 우리를 위해 공략집을 구했다고? 게다가 우리가 그 공략집을 정말 필요해하는지, 그걸 살지 어떻게 안 걸까?

"저게 필요했다는 것을 어떻게 아신 거예요?"

"그건 너희의 말과 행동을 주의 깊게 관찰해서 분석한 덕분이야."

"관찰이요?"

"응. 너희가 하는 말이나 행동 같은 걸 관찰하다 보면 그 하나하나가 데이터가 되거든. 그걸 차곡차곡 모으면 어느새 큰 데이터(빅데이터)가 돼. 이것을 헤아려서 너희의 마음을 알아내는 거지."

"아······."

어제 처음 만난 미스 와플이 우리의 마음을 알아낸다니 마냥 신기했다.

"어제 너희 대화를 들어 보니, 새로 나온 게임을 하고 싶기는 한데 좀 어려워하는 것 같더구나. 그렇다고 다른 사람한테 배울 것 같지는 않고. 이 상황에서 너희에게 필요한 건 뭘까 고민해 봤단다. 너희가 말한 게임 회사와 게임에 대한 데이터를 좀 모았지. 다행히 게임 공략집이 있어서 냉큼 주문한 거야. 마치 셜록 홈스 같은 탐정들이 추리하는 것과 비슷하지?"

미스 와플은 추리와 비슷하다고 했지만, 나는 셜록 홈스보다 미스 와플이 더 대단해 보였다. 별거 아닌 대화에서 우리의 마음을 읽고 우리가 원하는 것을 정확히 알아맞혔으니 말이다.

"물론 추리랑 빅데이터 분석이 똑같은 건 아니야. 결론을 낼 때 논리가 아니라 빅데이터의 분석 결과를 따르거든."

어? 또 나왔다. 빅데이터라는 말.

소프트웨어 수업에서 '데이터'니 '빅데이터'니 잠깐 듣긴 했다. 4차 산업혁명과 코딩 이야기에서도 저 말이 나왔었다. 하지만 도통 이해하기 어려웠다. 미스 와플이라면 이게 뭔지 잘 알려 주지 않을까?

"할머니. 빅데이터가 뭐예요?"

"음, 그 얘길 하기 전에 우선 데이터(data)가 뭔지 알고 있니?"

"자료나 정보요."

소프트웨어 수업 시간에 배운 대로 대답하자 미스 와플이 고개를 끄덕였다.

"맞아. 데이터는 아주 옛날부터 있었어. 그러니 데이터도, 빅데이터도 사실 새로울 게 없단다. 사람들이 생각해서 기록으로 남기는 것이 모두 데이터인 셈이거든."

사람들이 남기는 것들이 전부? 내 의문을 알아챈 미스 와플은 설명을 덧붙였다.

"옛날부터 적어 온 기록들뿐 아니라 전 세계 사람들이 인터넷에 올리는 사진, 글, 가입하는 사이트 같은 정보들도 모두 데이터가 된단다. 게다가 요즘은 '사물 인터넷'을 이용해 사물들끼리도 온라인으로 연결하는 세상이야. 그러면 데이터는 훨씬 더 많아지지."

내가 잘 이해되지 않는다는 표정을 짓자 미스 와플은 잠시 생각에 잠겼다.

"아, 예를 들어 보자꾸나. 길거리에 달린 CCTV는 도시를 찍어서 전송해 주지. 병원의 의료 기기는 건강 데이터를 기록해 줘. 우리 집의 보일러와 전기도 인터넷으로 연결되어 있단다. 이렇게 찍고, 기록되고 저장되는 모든 것들이 전부 데이터로 남아 쌓이는 거야."

아, 그제야 나는 사물끼리 온라인으로 연결되고 데이터가 된다는

말을 이해할 수 있었다.

미스 와플은 조곤조곤 말을 이었다.

"예전에는 이런 데이터들이 많지 않았어. 컴퓨터와 인터넷이 한정적으로 쓰였거든. 그런데 요즘을 보렴. 모든 기기들이 인터넷에 연결되어 있는데다가, 사람들은 스마트폰으로 매 순간 사진을 찍고, 메시지를 주고받아. 그것들이 다 데이터야. 옛날과는 비교할 수 없을 만큼 데이터의 양이 많아진 거지. 게다가 예전에는 데이터를 처리하고 분석하려면 돈과 시간이 너무 많이 들었단다. 그런데 이제는 기술이 발

달해서 데이터를 처리하는 비용과 시간도 많이 줄었어. 요즘은 수많은 데이터들을 필요에 맞게 분석할 수도 있단다. 그러면서 빅데이터가 무척이나 중요해진 거지."

"와, 괜히 수업 시간에 빅데이터라는 말을 들은 게 아니었네요?"

지호의 말에 나도 고개를 끄덕였다.

빅데이터가 왜 중요해졌는지 사정을 알게 되니 어렵게만 느껴지지도 않았다. 그러다 나는 문득 궁금해졌다.

"할머니, 그럼 지금 빅데이터는 어느 정도 크기예요?"

"그건 제인이 답해 줄래?"

"네. 2017년 기준으로 전 세계에서 데이터를 연간 16.3 제타바이트(ZB) 생산하고 있습니다. 시장조사업체 IDC는 2025년에 세계 데이터 발생량이 이보다 약 10배 증가한 163 제타바이트에 이를 것으로 전망하기도 했죠. 1 제타바이트는 10억 테라바이트(TB)죠. 1 테라바이트는 5 메가바이트(MB)짜리 음악을 19만 곡 넣을 수 있는 크기예요."

아, 너무 아득한 숫자다 보니 도통 감이 오지 않았다. 이렇게 어마어마한 양의 데이터를 저장하고 분석한다니. 정말 놀라운 일이다.

"이렇게 사람들이 매일 만드는 수많은 데이터만 잘 분석하면 사람의 마음을 알아차리고, 그 행동까지 예측할 수 있단다. 너희 SNS를 하고 있지?"

"네."

나는 지호와 함께 좋아하는 게이머를 팔로우한다. 또 이따금 일상 사진과 글을 SNS에 올린다. 내가 온라인에서 하는 모든 활동들도 빅데이터를 구성하는 정보가 되는 걸까?

미스 와플은 또 내 마음을 읽은 것처럼 대답을 해 주었다.

"SNS에 올라오는 것들도 전부 데이터가 된단다. 하지만 전형적인 데이터가 아니기 때문에 그런 데이터들을 비정형 데이터라고 해."

"비정형 데이터요?"

"응. 한자라 말이 조금 어렵지? 앞 글자 '비'는 '아닐 비(非)'를 써. 그러니까 컴퓨터 데이터베이스 같은데 저장되는 전형적인 데이터는 '아니'라는 의미지. 보통 SNS에 올라가는 사진이나 동영상, '좋아요' 표시들을 모은 것을 말해. 요즘 기업들은 그런 데이터들을 모아서 각자의 취향을 알아내 맞춤 광고를 내보낸단다. 비용도 적게 들고 훨씬 효과적이지."

"맞아요. 저도 관심 있는 광고가 나오면 클릭하게 되더라고요."

"그게 다 빅데이터를 분석해서 나오는 거야. 마찬가지로 나도 너희의 말과 행동을 분석해서 그 결과를 지금 선보인 거지. 이 책은 그러니까 너희를 위한 맞춤 광고나 마찬가지야. 그러니까 꼭 안 사도 괜찮아. 너희가 좋아하는 걸 보는 것만으로도 만족한단다."

미스 와플이 웃으며 말했지만 지호와 나는 기꺼이 용돈을 합쳐서 공략집을 샀다. 정말로 우리에게 꼭 필요했던 것이니까!

빅데이터의 정의에 대해 알아보자!

 ──────────▶ 빅데이터란 과연 무엇일까?

지구촌은 인터넷과 모바일 기기로 실시간 소통하고 있어. 소통은 '흔적(데이터)'을 남기지. 통화와 문자 메시지, 이메일, 동영상, 블로그, SNS, 유튜브 등 수많은 '손가락'의 흔적들이 자동으로 저장되고 있거든.

바야흐로 지금은 '빅데이터(big data) 시대'야!

그런데 빅데이터는 단순히 어마어마하게 많은 양의 데이터만을 뜻하지 않아. 디지털 환경에서 빅데이터는 또 다른 특징이 있어. 바로,

정치·경제·사회·문화 할 것 없이 데이터가 생기는 주기가 짧고 데이터 속도는 점점 더 빨라지고 있다는 거야. 문자와 영상, 그림, 음악까지 데이터 종류도 다양해져. 사람들은 빅데이터를 '정보화 사회의 원유(oil)'라고 해. 기름이 없으면 기계가 작동하지 않지? 마찬가지로 디지털 시대에 빅데이터가 없다면 많은 것을 할 수 없어.

 → 빅데이터는 왜 생겨난 걸까?

불과 20년 전만 해도 사람들은 직접 매장에 가서 쇼핑했어. 하지만 지금은 대부분 인터넷으로 쇼핑을 하지. 예전 같으면 기껏해야 영수증이 매장 주인이 가진 유일한 데이터였을 텐데, 지금은 달라. 우리가 쇼핑을 하기 위해 인터넷 쇼핑몰에 접속하는 그 순간부터 어떤 상품을 클릭했는지, 어떤 상품을 쇼핑 카트에 넣고 몇 번 구매했는지, 그 상품에 대해 리뷰를 썼는지

등등이 모두 데이터로 남아.

사람들이 온라인 세계에 더 오래 머물수록 더 많은 데이터들을 얻게 돼. 이 데이터들은 양, 주기, 형식 등이 기존 데이터에 비해 너무 크고 다양해. 예전과 같은 방법으로는 이 데이터들을 수집하기도, 저장하기도 힘들고 검색하고 분석하기도 어려워. 그래서 사람들은 이런 현상에 빅데이터라는 이름을 붙였어.

이후 인터넷과 컴퓨팅 기술이 엄청나게 발달하면서 빅데이터들을 저장하고 분석할 수 있게 되었어. 그 결과 빅데이터는 무의미하게 떠도는 정보가 아니라 많은 일들을 할 수 있게 만드는 보물이 되었지. 즉, 빅데이터라는 것은 '단순히 큰 데이터'뿐만이 아니고, 이를 '활용하려는 시도와 기술'을 총체적으로 칭하는 말이 된 거야.

빅데이터에는 어떤 특징이 있는 걸까?

빅데이터의 특징은 크게 세 가지로 나눠. 바로 '크기', '다양성', '속도'지. 크기는 Volume, 다양성은 Variety, 속도는 Velocity라서 앞 글자만 따서 '3V'라고도 말해. 그런데 요즘은 여기에 '가치(Value)'와 '복잡성(Complexity)'을 덧붙이기도 해. '복잡성(Complexity)' 대신

'정확성(Veracity)'을 넣어 '5V'라고 하는 이들도 있지.

사실 빅데이터의 특징을 3V라고 부르건, 5V라고 부르건 그건 중요하지 않아. 매일 데이터가 수 엑사바이트(EB, 1EB는 약 10억 기가바이트)라는 어마어마한 양으로 생겨난다는 것(Volume)과 '정형', '반정형', '비정형' 형태의 다양한 데이터가 있다는 점(Variety), 정보가 오가는 속도가 굉장히 빨라서 초 단위로 데이터를 처리할 수 있다는 점(Velocity), 빅데이터를 분석해 가치 있는 정보를 제공한다는 점(Value), 데이터가 많아져서 더 정확한 분석이 가능하다는 것(Veracity)! 이 내용을 알면 돼.

→ 정형vs 반정형vs 비정형 데이터는 무엇일까?

빅데이터를 형태별로 정형 데이터(structured data), 반정형 데이터(semi-structured data), 비정형 데이터(unstructured data)로 분류해. 그럼 정형, 반정형, 비정형은 어떻게 구분하는 걸까?

우선 형태(schema)가 있느냐 없느냐로 구분해. 만약 형태가 있다면 그 데이터를 연산할 수 있는지 없는지로 구분하지.

형태가 있고 연산이 가능하면 정형 데이터야. 형태가 있으나 연산

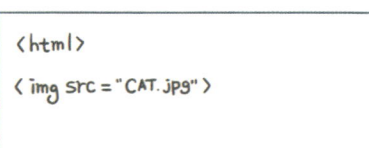

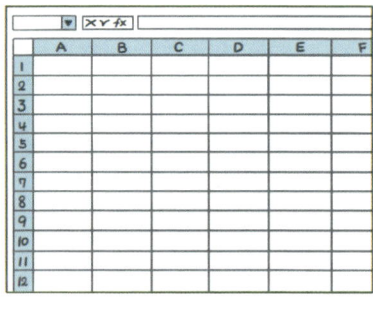

정형 데이터　　　　　　　반정형 데이터

이 불가능하면 반정형 데이터지. 예를 들면, 관계형 데이터베이스(RDB), 엑셀에서 흔히 보는 스프레드시트나 CSV(comma-separated values, 몇 가지 필드를 쉼표로 구분한 텍스트 데이터 및 텍스트 파일)가 정형 데이터고, HTML이나 로그 같은 게 반정형 데이터야.

만약 형태도 없고 연산도 불가능하면 바로 비정형 데이터야. SNS 등에서 만들어지는 소셜 데이터가 여기에 속하지. 예컨대 페이스북과 트위터, 유튜브 영상, 이미지 파일, 음원 파일, 워드 문서, PDF 문서 등이 있어. 비정형 데이터는 페이스북, 트위터, 네이버, 다음 등에서 생성되는 실시간 정보들을 통해 더 많은 정보들을 수집하고 분석할 수 있어. 예를 들면 특정 지역의 날씨 정보, 유동 인구의 수, 이들의 판매 정보 등을 모을 수 있지. 비정형 데이터는 형태가 정해져 있지 않기 때문에, 어떤 목적으로 어떻게 분석하느냐에 따라 다양하게 쓰일 수 있어. 그래서 빅데이터의 85% 가량은 비정형 데이터야.

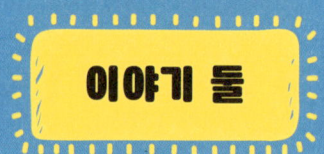

미스 와플의 이상한 이상점은 정말이지 이상해!

이상한 상점이 이상한 시간대에 문을 여는 이유는?

"으아. 오늘 허탕이네."

몇몇 아이들이 미스 와플의 상점 앞에서 아쉬워했다. 그 아이들을 보면서 나 역시 푸념을 늘어놓았다.

"어째서 미스 와플은 평일인데도 문을 계속 열어 두지 않는 거지?"

"울 엄마는 매일 안 열어 다행이라고 하던데."

지호가 우울하게 말했다.

"상점이 열릴 때마다 자꾸 물건을 계속 사는데 좋아하시겠어?"

"너까지 그러기야?"

내 말에 지호가 더욱 울상을 짓는다.

"근데 정말 이상하지 않아?"

"뭐가?"

"왜 문을 안 여는 걸까? 학교 근처 상점은 보통 일요일에 쉬잖아."

"혹시 다른 일도 하시는 건가?"

지호의 말에 나는 상점 문을 물끄러미 바라보았다. 새파란 컨테이너 박스는 이제 닫혀 있어도 그 안이 훤히 보일 만큼 익숙해졌다. 미스 와플의 상점은 단순한 문구사가 아니었다. 우리는 여기서 즐거운 시간을 보냈다. 소프트웨어 수업 때 막연하게 들었던 빅데이터에 대해서도 자세히 배울 수 있었다. 잠깐만, 빅데이터?

"야. 김지호. 혹시 이상한 상점이 문 여는 날과 시간대가 딴 상점과 다른 이유가 빅데이터 때문 아닐까?"

"빅데이터 때문이라고?"

"응. 할머니가 우리 대화를 분석해서 게임 공략집을 가져다 놓으셨잖아. 이번에도 애들이 잘 오는 시간대를 분석해서 그때만 문을 여신 게 아닐까?"

지호는 내 말에 크게 웃음을 터뜨렸다. 기분이 나빠졌지만, 개의치 않고 내 생각을 말했다.

"학교가 끝나면 1시부터 4시까지 방과 후 수업이나 학원에 가는 중간에 시간을 때워야 하잖아. 용돈도 일주일에 한 번 일요일이나 월요일에 받는 경우가 많고. 그러니까 다른 날은 몰라도 월요일 1시에는 꼭 문을 열 거 같아."

"야. 설마. 이제 겨우 빅데이터가 뭔지 알았으면서 너무 아는 척하는 거 아니야? 아마 다음 주 월요일도 안 여실 걸."

"그럼 내기하자."

"내기?"

"다음 주 월요일에 문을 여는지 안 여는지. 만약 상점을 열면 내가 이기는 거고 안 열면 네가 이기는 거야. 어때?"

"좋아. 네 생각이 터무니없다는 걸 꼭 증명해 주지."

나는 지호와 내기를 하고 의미심장하게 웃었다.

대망의 월요일. 지호와 나는 두근거리는 마음을 안고 이상한 상점 앞에 섰다. 지금 시각은 1시. 오늘 문을 연다면 조금 있다가 셔터가 올라가고 미스 와플이 '어서 오세요' 팻말로 바꿔 달 것이다.

우리는 조금 떨어져서 상점을 뚫어져라 보았다.

1시 10분. 셔터가 올라가기 시작했다. 지호는 입을 딱 벌린 채 나를 바라보았다. 나는 으쓱하며 그런 지호를 내려다보았다.

"말도 안 돼. 이건 그냥 운이라고!!!"

"운이건 뭐건 우리 내기는 오늘 문을 여는지 안 여는지였거든?"

"아. 내기를 잘못했어. 빅데이터를 분석해서 여는지로 따질걸."

지호가 뒤늦게 후회했지만, 나는 의기양양하게 앞서 걸었다.

"뭐 해. 빨리 인스 사 줘야지."

"힝. 알겠다고!"

상점으로 들어온 우리를 미스 와플과 제인이 반갑게 맞아 주었다. 나는 기쁜 마음에 큰 소리로 외쳤다.

"안녕하세요!"

"오늘은 하린이 기분이 무척 좋아 보이네."

"네. 오늘 지호가 인스 사 준다고 해서요."

"지호가? 오오. 하린이의 취향을 제대로 알고 있구나."

사실은 스티커를 얻는 것보다 더 좋았던 건 내 예상이 맞아떨어졌다는 거지만. 나는 지호를 향해 돌아섰다.

"저기 새로 나온 거로 사 줘."

"으휴. 알았어. 저 그런데 와플 할머니. 한 가지 여쭤 봐도 돼요?"

지호가 뭘 질문할지는 뻔했다. 나 또한 미스 와플이 오늘 문을 연 게 우연은 아닐까 궁금했기 때문이다.

"얼마든지 질문하렴."

"왜 매일 문을 열지 않으세요?"

"아. 너희, 그 문제로 내기했구나. 그리고 하린이가 이겼고. 맞지?"

"네. 저는 와플 할머니가 빅데이터를 분석해서 문을 여는 날을 정한다고 생각했거든요. 지호는 아니라고 했지만요."

"근데 정말 그러셨는지는 모르는 거잖아."

지호가 툴툴댔다.

"나도 확신할 수 없어서 월요일에 열지 말지로 내기한 거긴 해."

내가 일부러 얄밉게 말하자 지호의 눈이 가자미눈이 되었다. 그 모습에 미스 와플은 웃음을 터뜨렸다.

"음. 과연 진실은 무엇일까?"

"할머니, 빨리 말씀해 주세요."

지호가 재촉하자 미스 와플은 천천히 고개를 끄덕였다.

"결론부터 말하면, 그래. 하린이 말이 맞아. 초등학교가 몰려 있는 지역과 초등생에 대한 빅데이터를 분석했지. 그 결과를 활용해서 상점의 콘셉트를 잡았단다. 하지만 문을 닫는 데는 다른 이유도 있어. 그 이유는 '비밀'이지만."

미스 와플은 입술을 살짝 가리며 '비밀'이라고 장난스럽게 말했다.

정말 비밀이 있는 건지, 아니면 그냥 하는 말씀인지 알 수 없었다. 그래도 내 예상이 맞았다는 것만큼은 기뻤다.

"할머니. 빅데이터를 이용하는 상점은 여기뿐일까요?"

"아니. 요즘 많은 상점이나 기업들이 빅데이터를 이용한단다. 너희가 좋아하는 게임의 개발자도 빅데이터를 이용해서 게임을 만들걸."

"게임도요?"

"그럼. 게임 회사에서 게임을 만드는 목적이 뭘까?"

"우리를 즐겁게 하려고요?"

"그런 이유가 가장 크지. 그렇지만 지호야. 왜 게임 회사는 게임하는 사람들을 '즐겁게' 해 주고 싶은 걸까?"

우리는 잠시 고민에 빠졌다. 게임 회사가 사람들을 즐겁게 하는 게임을 계속 만드는 이유가 뭘까? 그래야 많이 팔리니까?

"사람들이 좋아하는 걸 만들어야 많이 팔 수 있고, 그래야 회사가 잘되니까요?"

"정답이에요."

제인이 끼어들었다. 어딘지 자랑스러워하는 목소리 같아서 나는 조금 의기양양해졌다.

"맞아. 사람들이 좋아하는 걸 만들어야 많이 팔 수 있어. 그래서 모두 '다른 사람의 마음을 알기 위해' 애쓰는 거란다. 빅데이터를 쓸 수 없던 예전에는 회사에서 사람들을 몇몇 모아서 제품을 미리 써 보게 했어. 고객의 마음을 알아내려고 말이야."

할머니의 얘기를 듣다 보니 문득 빅데이터 분석과 통계가 비슷하게 들렸다. 뉴스에는 통계가 자주 나왔다. 여론 조사나 선거철에는 통계 조사 결과, 누가 당선이 유력하다는 기사 같은 것 말이다.

"그런데 할머니. 통계랑 빅데이터는 다른 건가요? 통계를 내면 될 텐데 꼭 빅데이터 분석을 해야 해요?"

"통계와 빅데이터 분석은 서로 모르면 안 될 만큼 가까운 사이지만, 근본적인 차이가 있어. 전통적인 통계 분석은 먼저 데이터가 될 샘플이 필요해. 그래서 두 개의 집단을 골라서 서로 비교 분석하는 경우가 많지. 100명을 대상으로 이야기를 듣고 그걸 토대로 1000여 명의 생각을 알아내는 거라서, 100명을 누구로 할지가 굉장히 중요해. 그런데 빅데이터는 다르단다. 뭐가 다를까?"

지호가 곰곰이 생각하다가 마치 발표하듯이 손을 번쩍 들었다.

"빅데이터 분석은 이미 데이터가 있다는 거요?"

"제법인데요. 지호 군."

제인이 지호가 대견한지 한마디 했다. 미스 와플은 미소를 지었다.

"그래. 지호 말이 맞아. 빅데이터는 미리 사람들의 의견을 구할 필요가 없어. 왜냐면 이미 사람들의 생각이나 의견들이 넘치니까. 빅데이터 분석은 이미 있는 데이터들에 숨겨진 패턴이나 의미, 규칙 등을 찾는 거거든. 결국 통계는 드러난 사실을 분석해서 결과를 확인하는 거고, 빅데이터는 숨겨져 있거나 얻기 힘들었던 정보나 사실들까지 분석할 수 있다는 거지. 물론 통계를 알면 빅데이터 분석이 쉬워지고 분명해져. 그래서 요즘은 정치인들도 통계 방식으로 분석한 빅데이터를 바탕으로 선거 운동을 한단다."

"빅데이터로 선거 운동을 한다고요? 어떻게요?"

지호가 눈을 반짝였다. 사회 수업 때 국회를 참관한 뒤 나중에 국회 의원이 되겠다고 하더니 진심인가 보다.

"전 미국 대통령 버락 오바마는 2012년 재선 선거 운동 때 '일각고래 프로젝트'를 시행했어. 이 프로젝트를 위해 데이터 과학자를 뽑았지. 선거 캠프에서 보유한 데이터들을 모아서 필요 없는 데이터는 버리고, 의미 있는 데이터를 분석해 유권자의 성향을 정확히 파악하려고 했거든. 그렇게 하면 꼭 필요한 곳에 선거 운동을 할 수 있으니까."

"근데 왜 일각고래 프로젝트에요?"

"일각고래는 북극에 사는, 뿔이 하나 달린 고래인데 생김새 때문에 바다의 유니콘이라고 불렀어. 미국 언론에서는 이 프로젝트가 마치 일각고래의 뿔처럼 유용한 데이터를 콕! 집어내겠다는 '핀포인트 타깃(Pinpoint Target)'으로 해서 그렇게 지은 게 아닐까 추측했지."

그때 난로 위 주전자에서 물이 끓었다. 미스 와플은 말을 멈추고는 주전자를 살폈다. 미스 와플의 이야기에 푹 빠져 있던 나와 지호도 잠시 숨을 돌렸다.

"쉬운 얘기는 아니었지?"

"네. 그런데 재미있어요."

지호가 눈을 반짝였다. 미스 와플은 웃으며 코코아 통을 열어 진한 핫초코를 만들어 건네고는 자리에 앉았다.

"그럼 좀 더 간단한 예를 들어 볼까? 우리 이상한 상점 옆에 분식집이 들어섰다고 가정해 보자."

분식집이라니! 진짜 생긴다면 정말 좋을 거 같다.

"학교 앞이다 보니 손님이 정말 많이 오겠지? 늘 사람들로 꽉 차있고, 분식집 사장님도 정신없이 바쁘겠지. 그런데 어찌 된 일인지 돈을 얼마나 벌었는지 계산해 보면 생각보다 많이 못 번 거야. 어떤 날은 평소보다 더 못 벌기도 하고. 이럴 땐 어떤 것을 바꾸면 될까?"

"저라면 많이 팔리는 메뉴의 가격을 올릴 거 같아요. 가격을 올리

면 그만큼 돈을 더 벌지 않을까요?"

"오. 좋은 생각이구나. 그런데 지호야. 늘 2000원에 사 먹던 떡볶이인데 3000원을 내야 한다면 어떨까? 그 가게에 예전만큼 자주 갈까?"

"아……. 그렇겠네요. 갑자기 가격이 오르면 두 번 갈 것을 한 번만 갈지도 몰라요."

지호와 나는 미스 와플의 의견에 바로 수긍했다. 분명 이번에도 빅데이터와 관련되었을 텐데…….

"빅데이터를 이용하면 될 거 같은데, 어떻게 이용할 수 있을지 잘 모르겠어요."

"하린이, 네 말대로 데이터를 이용하면 돼. 게다가 여기서는 큰 데이터를 이용할 필요도 없거든. 너무 어렵게 생각하지 말자꾸나. 과연 분식집에서 데이터가 될 만한 게 뭐가 있을까?"

우리는 곰곰이 생각해 보았다. 빅데이터는 결국 수많은 데이터들의 집합체인데, 분식집에서 데이터가 될 만한 게 뭐가 있을까? 아이들이 얼마나 자주 분식집에 드나드는지, 분식집에서 가장 잘 팔리는 건 무엇인지, 그런 거? 아! 나와 지호가 동시에 외쳤다.

"영수증이요!!!!"

"정답!"

미스 와플이 호쾌하게 외치고는 말을 이었다.

"영수증을 보면 하루에 몇 명이나 왔는지, 많이 시키는 메뉴는 뭔지, 일주일에 2회 이상 온 단골은 누구인지 정보가 있단다. 이걸 정리해 보면 특정한 날짜와 특정 시간에 뭐가 더 잘 팔리는지 알 수 있어. 또 계절을 타는 메뉴도 알 수 있지."

"아. 그럼 영수증을 토대로 잘 팔리는 메뉴에만 집중하면 되겠네요. 그럼 더 많이 팔 수 있지 않을까요?"

미스 와플이 크게 고개를 끄덕이셨다. 지호의 이야기를 듣다 보니 나도 무언가 생각났다.

"지호 말대로 메뉴를 단순하게 정리해도 좋고, 치킨집처럼 쿠폰을 주는 행사를 해도 좋을 거 같아요. 쿠폰을 주면 더 많은 사람들이 단골이 될 테니까요"

"와. 좋은 생각인데."

지호가 감탄했다. 미스 와플은 우리 모두에게 엄지손가락을 들어주셨다. 의기양양해진 우리는 어깨를 쭉 폈다.

"너희들 정말 멋진데. 너희에게 오히려 내가 한 수 배워야겠는걸."

미스 와플의 익살스러운 말에 우리는 함께 웃음을 터뜨렸다.

빅데이터는 우리 산업에서 어떻게 활용될까?

▶ 모든 데이터는 구글(Google)을 통한다

'모든 길은 로마를 통한다'라는 말이 있어. 그 말에 빗대어 요즘은 '모든 데이터는 구글을 통한다'라고들 해. 왜 이런 말이 나온 걸까?

바로 빅데이터 활용의 선두주자가 구글이기 때문이야. 구글은 1999년 래리 페이지(Larry Page), 세르게이 브린(Sergey Brin)이 만든 검색 엔진 사이트야. 그런데 현재는 단순한 검색 엔진이 아닌 하나의 문화가 되고 있지. 심지어 2001년에는 웹스터 사전, 2006년에는 옥스퍼드 사전에 Google이 게재되기까지 했어! 'google it!'이라고 하

면 '검색해!'라는 뜻이 된 거야.

구글은 데이터의 양이 많을수록 정보의 품질이 좋아진다는 것을 알고 있었어. 그래서 사람들이 구글에서 검색할 때 자신들이 얻는 데이터들을 차곡차곡 쌓아서 활용했지.

구글 번역을 예로 들어 볼까? 예전에 구글 번역기는 번역체라는 밈(meme)이 돌아다닐 정도로 엉망이었어. 하지만 지금은 달라졌지. 그동안 착실히 모은 데이터를 분석해서 최대한 자연스럽게 번역해 줘.

최근에는 음성 인식 검색도 도입했어. 사람들이 음성 인식 검색을 사용할수록 구글은 그 데이터들을 얻어서 음성 인식률의 정확도를 높이지. 구글은 이렇게 거의 비용을 들이지 않고 데이터를 모으며 세계 최고의 빅데이터 기업으로 성장하는 중이야.

그런데 구글은 꼭 구글 사이트에서만 데이터를 얻을까? 그건 아냐.

구글 슬렉스 연구소에서 탄생해 웨이모(Waymo) 사에서 개발하는 '구글카'는 2018년 12월 미국 피닉스 대도시 권역에서 세계 최초로 상용 서비스를 했어.

웨이모는 이후 2020년 10월, 운전석에 안전요원 없이 '완전 자동 주행 자동차' 운행을 시작했지. 덕분에 미국 애리조나 주 피닉스 교외에서 무인 자동주행 호출 택시 서비스를 시작해서 구글은 현재까지도 자동주행을 위한 다양한 교통 사례들을 데이터로 착착 쌓는 중이야.

또 구글은 모바일로도 엄청난 데이터를 얻어. 수많은 스마트폰이 구글의 완전 개방형 운영체계인 '안드로이드(android)'를 사용하거든. 이처럼 어마어마하게 넓은 모바일 환경에서 구글과 안드로이드는 빅데이터를 얻어.

 고객이 아닌 데이터가 왕, 아마존!

"아마존에서는 데이터가 모든 것을 지배한다(Data is King at Amazon)."

– 전(前) 아마존 디렉터 로니 코하비(Ronny Kohavi)

온라인 쇼핑몰의 선구자 아마존도 빅데이터를 아주 잘 활용해. 특히 '예측 배송(anticipatory shipping)'이 유명하지. 예측 배송이 뭐냐고? 사람들이 아마존에서 물건을 구매하기도 전에 이미 배송을 준비하는 거야. 물건을 살 만한 사람이 사는 곳 근처의 물류 창고로 그 물건을 미리 발송하는 거지.

이렇게 하면 물건을 빨리 받을 수 있으니까, 파는 입장에서도 사는 입장에서도 매우 좋은 정책이야. 그런데 도대체 사람들이 살지 말지를 어떻게 알고 미리 배송을 준비할까? 만약 사람들이 그 물건을 사지 않는다면 오히려 물류 창고로 보내는 비용만 낭비할 텐데 말이지.

하지만 아마존은 자신만만했어. 바로 '빅데이터'를 활용한 결과물이 있었거든!

사람들이 기존에 어떤 주문을 했고 무엇을 검색했는지, 위시리스트

와 쇼핑 카트에 담은 상품과 반품한 물건은 무엇인지, 마우스 커서가 길게 머문 상품이 있는지 등을 데이터로 모아서 분석한 거야. 그래서 '예측 배송'은 손해가 클 거라는 예상에도 불구하고 지금은 아마존을 대표하는 서비스로 자리 잡았지.

그 밖에도 아마존은 사람들이 어떤 책을 얼마나 샀는지 데이터를 분석해서 사람들이 더 살 만한 책들을 권하는 도서 추천 시스템을 개발했어. 추천한 책들에 쓸 할인 쿠폰을 지급해 더 많이 사도록 유도하지.

그럼 아마존은 이런 데이터들을 다 어디에서 모은 걸까?

바로 전자상거래 사이트, 전자책 킨들, 스마트 스피커인 아마존 에코, 인공지능 플랫폼 아마존 알렉사, 전용 애플리케이션에서 자동으로

전자책 킨들

아마존 에코

아마존 고

결제하기 때문에 대기 줄도 계산대도 없이 원하는 물건을 들고 나가면 되는 상점 아마존 고, 유기농 식품 전문점인 홀푸드 등에서 수집하고 있어.

 ▶ **범죄! 꼼짝 마! 빅데이터가 간다**

한국형 범죄 프로파일링 시스템 지오프로스

빅데이터는 범죄를 예방하고 범인을 잡는 데도 쓰여. 우리나라 경찰청 프로파일러와 KT 데이터 전문가가 합작한 '지오프로스'를 예로 들어 볼까? 지오프로스가 뭐냐고? 바로 각 지역의 인구, 범죄 통계 등 데이터를 바탕으로 범죄 발생을 예측해 주는 시스템이야. 빅데이터 범죄 지도 시스템이지.

지오프로스는 우리나라에서 2009년 4월에 처음으로 사용되었어. 범죄 정보 시스템과 지리 정보 시스템(GIS, Geographic Information System)을 연결해서, 범죄가 언제 어디에서 일어날지 예측하는 기특한 녀석이지. 덕분에 실제로 범죄가 줄어들었어. 지오프로스가 빅데이터 분석을 통해 사람들이 많이 다니는 지하철 역 등 범죄가 자주 일어날 만한 장소를 지정해 주어서 단속을 강하게 할 수 있었거든.

베일에 싸인 천리안, 팔란티어 사

J.R.R.톨킨의 소설《반지의 제왕》을 보면 시공을 초월해서 '멀리 감시할 수 있는' 기능이 있는 '천리안의 돌'이 나와. 그 돌을 팔란티어라고 해.

자. 그 '팔란티어'에서 이름을 따온 기업이 있어. 팔란티어사는 주식 시장에서 뿔이 10개 달린 유니콘이라는 '데카콘'이라고 불렸어. '세상에서 거의 찾아볼 수 없는 기업=전설의 동물인 데카콘'이라는 의미지. 이 회사는 처음부터 100억 달러(약 10조원)이상의 가치를 가졌기 때문이야.

이렇게 어마어마한 가치를 지녔는데 도대체 뭐하는 회사일까? <mark>놀랍게도 팔란티어사는 '빅데이터 분석'만 해. 수많은 데이터들을 보고 필요한 데이터를 찾아내 사람이 보기 쉽게 만들지.</mark> 팔란티어사의 대표 소프트웨어는 두 가지야. 첫 번째는 '팔란티어 고담(Palantir Gotham)'으로 범죄 예측 분석 소프트웨어야. DC코믹스 '배트맨 시리즈' 속 범죄 도시 고담에서 이름을 따왔어. 팔란티어 고담은 범죄를 예측하기 위한 프로그램이지. 그리고 두 번째는 사기 등 금융 관련 범죄를 분석하는 '팔란티어 메트로폴리스(Palantir Metropolis)'야.

팔란티어사의 소프트웨어는 서류, 숫자로 된 정형 데이터뿐 아니라

페이스북, 트위터, 이메일 등의 비정형 데이터까지 수집해. 수많은 데이터들을 실시간으로 모아 빠르고 정확하고 쉽게 정리해.

2004년도에 설립된 이 회사의 최초 투자자는 누구일까? 바로 미국중앙정보국(CIA)이야. 마치 첩보 영화 같지? 그래서일까? 이 회사의 주 고객은 미국중앙정보국(CIA)과 미국연방수사국(FBI), 미국연방마약단속국(DEA), 미국국가안보국(NSA), 내부 횡령과 사기를 막으려는 대형 금융사들이야.

팔란티어사의 대표 활약상을 살펴볼까? 9·11 사태 이후 일어난 아프가니스탄 전쟁에서 팔란티어사는 금속 탐지기도 못 찾은 폭발물과 테러범의 위치를 찾아냈어. 테러 자금이 어디서 들어오는지도 알아냈어. 이 외에도 마약단속국 자료를 분석해 텍사스 주 댈러스에서 마약 범죄자 57명의 위치를 파악해 체포를 도왔지.

팔란티어사의 성공은 '빅데이터 분석'에 세계를 바꿀 만한 잠재력이 있다는 걸 증명해 줘. 수많은 데이터 사이에 숨겨진 연관성을 시각적으로 만들어 주는 분석 능력이 세상을 더 살기 좋게 만들 수 있다는 거지!

→ '하차 시에도 교통 카드를 찍어 주세요'

버스에서 내릴 때 우리는 '하차 시에도 교통 카드를 찍어 주세요'라는 포스터를 볼 수 있어. 환승할 것도 아닌데 왜 내릴 때 교통 카드를 찍어야 할까? 버스에서 내릴 때 교통 카드를 찍으면 우리가 어디에서 탔고 또 내렸는지가 데이터로 남아. 그럼 어느 정류장에서 사람들이 많이 타고 내리는지 알 수 있지. 이 데이터들을 가지고 도시는 버스 노선을 새로 정하고, 있던 노선을 없애기도 해. 사람들이 더 편리하게 다니도록 만드는 거지.

그런데 교통 카드로 시민들의 이동 경로를 파악하는 이유가 또 있어.

2016년 다보스 경제 포럼에서 2026년에는 사람들이 대부분 자율주행자동차를 이용할 것이라고 밝혔어. 이미 구글 카가 일부 도로를 다니고 있으니, 자율주행자동차가 먼 미래의 일만은 아닐 거야.

도시에서 자율주행자동차를 운영하려면 그 도시에 대한 데이터들이 필요해. 신호등, 도로 상황, 날씨, 시민들의 이동 경로 등 데이터로 만들 수 있는 모든 것들 말이야. 그래서 버스 카드를 찍어서 이동 경로를 남기는 건 자율주행자동차의 미래를 위해서도 필요해.

조만간 스스로 운전하지 않아도 되는 세상이 올 거야. 그때는 지금처럼 자동차가 많을 필요도, 주차장이 있을 필요도 없을 테고, 무엇보다 교통사고가 현저히 줄어들겠지?

 **빅히어로의 '베이맥스'가 현실에?**

디즈니 애니메이션 '빅히어로'에는 '베이맥스'란 로봇이 나와. 베이맥스는 의료용 로봇이야. 생체 정보 스캔 능력이 있어서 주인공 히로를 한 번 스캔해 땅콩 알레르기가 있다는 것을 알아냈지. 정신 치료를 포함한 각종 의료 정보 데이터베이스가 있어서 슬픔에 빠진 히로를 위로하기도 해.

애니메이션에 베이맥스가 있다면, 현실 세계에는 IBM의 '왓슨'이 있어. 왓슨은 2016년 12월 우리나라에도 도입되었어. 길병원을 시작으로 2017년 대구가톨릭대병원, 건양대병원, 조선대병원, 전남대병원, 중앙보훈병원도 왓슨과 함께했지.

왓슨은 전문 분야별로 종양학 전문 왓슨, 방사선학 전문 왓슨, 내분비학 왓슨 등이 따로 있어. 사실 왓슨의 첫 출발은 의료 분야가 아니었어. 2011년 '퀴즈 쇼 제퍼디!'에 참가한 인공지능 AI였지. 지금도 의료 분야보다는 법률 분야, 금융 분야, 소비자 서비스 분야 등의 영역에서 활약해. 오히려 의료 분야에서는 의료계에 처음 인공지능으로 발을 디딘 것으로 그 역할을 다했다고 보지.

그건 왓슨에게 한계가 있기 때문이야. 수많은 데이터를 읽고 분석하지만, 의외로 진단 능력이 떨어지고 보험 적용이 어려워서 비싼데다가 의사와 의견이 불일치할 때도 많아. 미국에서 얻은 데이터가 우리나라에서 적용되기 어렵다는 단점도 크지.

현재 마이크로소프트, 올림푸스, 메드트로닉, 지멘스 등이 왓슨의 단점을 보완해 새로운 의료용 AI를 개발하고 있어.

우리나라도 정부와 서울 아산병원 등 대형 병원 26곳과 22개 정보통신기술 기업이 참여해 우리나라 사람들에게 맞는 인공지능 의료용 소프트웨어 '닥터 앤서(Dr.Answer)'를 개발했지. 닥터 앤서는 다양한 의료 데이터를 분석해서 개인에 맞는 질병을 예측하고 진단과 치료 방법을 알려주는 지능형 소프트웨어야. 특히 비용이 많이 드는 세 분야(심혈관, 암, 뇌)의 8개 질환(심뇌혈관질환, 심장질환, 유방암, 대장암, 전립선암, 치매, 뇌전증, 소아희귀난치성유전질환)을 대상으로 병을 예측하고 진단과 치료방법을 알려주는 21개의 인공지능 소프트웨어로 구성돼 있어. 폐암과 당뇨, 간질환, 피부질환 등 12개 질환을 위한 닥터 앤서도 개발할 예정이야.

"시리. 나 지금 우울한데, 재밌게 해 줘."

"나 지금 기분이 상했어. 즐겁게 해 줘."

스마트폰에 대고 이렇게 말하면 우리에게 최신 유머나 좋아하는 연예인의 소식을 알려 줘. 썰렁한 개그도 하지. 예전에는 사람들과 만나 즐거움을 찾았다면 이제는 기계로 대신하고 있어. '심심해', '우울해'와 같이 단짝 친구한테 할 말을 스마트폰에 하는 게 어색하지 않아. 사람이 기계에게 고민을 말하고, 기계가 사람을 위로하는 시대를 향해 가고 있는 거야.

그럼 기계는 '기분이 상하다'는 말을 어떻게 이해하고 사람의 우울한 마음을 달랠 수 있을까?

'상하다'를 단순히 '음식이 상하다'가 아닌 '기분이 우울하다'와 연결시키고, 그 마음을 달래는 것을 이해하고 '찾는' 힘. 이것은 단순히 연산하는 기계를 넘어 '생각하는 기계'가 등장해서 가능해졌어. 그리고 =='생각하는 기계'가 나오게 된 건 바로 '빅데이터' 덕분이지.==

사람은 자라면서 감각과 언어 기관으로 많

은 자극들을 받아들이고 그 반응 정보를 뇌에 저장해. 새로운 정보를 과거의 정보와 연결하고, 이것을 발전시켜 더 복잡한 사고를 하지. 하지만 기계는 달랐어. 사람들이 집어넣는 정보에 반사적으로 반응할 뿐이었지.

그런데 빅데이터 덕분에 기계를 바라보는 방식이 엄청나게 달라졌어. 과거 컴퓨터는 시스템에 프로그램된 방식으로만 정보를 처리하는 연산 기계일 뿐이었어. 그런데 지금은 엄청나게 많은 정보(빅데이터)를 수없이 다양한 방법으로 분석해 내지.

머신러닝과 딥러닝과 같은 기계 학습도 가능해졌어. 머신러닝(machine learning)은 많은 데이터를 토대로 기계를 학습시키는 거야.

딥러닝(deep learning)은 기계가 스스로 필요한 정보를 직접 찾고 습득하는 방식이야. "정보를 입력하고 출력하는 과정을 인간의 뇌에 가까울 정도로 복잡하게 만들면, 어느 순간 기계에게도 '의식'이 생기지 않을까"란 생각에서 발전해 왔어. 그래서 딥러닝은 감정을 학습하는 것도 가능해. 이때 데이터가 많으면 많을수록 기계 학습을 위한 알고리즘을 더 정교하게 짤 수 있어.

알고리즘이 뭐냐고? 어떤 문제가 있을 때, 어떻게 하면 그 문제를 해결할 수 있을지 순서를 정해 놓는 것을 '알고리즘'이라고 해. 이 알고리즘(문제 해결을 위한 순서도)을 컴퓨터가 이해할 수 있도록 번역하여 표현해 주는 것이 코딩이야. 이렇게 완성된 결과물이 바로 '프로그램'이야.

즉, 코딩은 컴퓨터와 인간이 대화하기 위한 번역기 같은 거고, 프로그램은 알고리즘에 따라 기계 학습을 가능하게 만들어 주는 최종 결과물이지. 이 모든 것들이 한데 모여서 인공지능이 되는 거야. 앞으로 인공지능은 더 정교해져서 마치 사람처럼 감정을 읽어 내고 우리를 위로하게 될지도 몰라.

게임, 스포츠, 공공 기관까지! 종횡무진 활약하는 빅데이터!

게임 얘기를 해 볼까? 게임 회사는 게임하는 사람의 나이, 성별, 게임하는 시간, 어떤 스테이지에서 몇 번 실패했는지, 얼마나 많이 시도했고 어떤 스테이지에 머물고 있는지 등 데이터를 수집하고 분석해. 그래서 우리가 게임에 연속으로 실패했을 때, 오랜 시간을 같은 스테이지에서 헤맬 때, 즉 짜증 나서 게임을 그만둘까 생각할 때쯤 프로모션 팝업 페이지를 띄우지. 유료 아이템을 절반 가격으로 팔며 사용자가 아이템을 사도록 하는 거야. 이런 서비스도 빅데이터 분석 덕분에 가능해.

==스포츠에서도 빅데이터가 활용돼.== 네덜란드 스포츠 데이터 분석 기업 싸이스포츠(SciSports)는 스포츠팀이 최적의 선수를 발탁하도록 분석해 줘. 볼제임스(BallJames)라는 카메라 시스템도 있어. 볼제임스는 비디오를 3D 데이터로 자동으로 바꿔 주는 실시간 추적 기술이야. 경기장 안에 설치된 카메라가 현장의 모든 움직임들을 기록해. 분석가들은 볼제임스가 가져온 데이터를 보고 앞으로의 경기 진행 방식을 분석할 수 있어.

==정부와 공공 기관도 빅데이터를 활용해.== 서울시는 자정 이후 가장 붐비는 택시 노선과 버스앱 등의 데이터들을 분석해서 심야 버스를 배치했어. 그 결과, 사람들은 밤에도 편리하게 버스를 탈 수 있지.

관세청과 국세청은 탈세 정보를 공유해서 연간 1000억 원에 가까운 세수를 모았어.

기상청은 2014년 하반기부터 중소기업청과 협력해서 동네 슈퍼처럼 작은 점포를 운영하는 사람들에게 빅데이터를 활용한 날씨 경영을 지원해 줘. 날씨 경영이란 이상 기온이나 태풍, 가뭄 등으로 장사가 어려울 것 같은 경우, 미리 날씨 예보를 알려서 그 어려움을 줄여 주는 거야.

　예를 들어 볼까? 여름에 태풍이 자주 올라오거나, 장마가 길어져서 기온이 낮을 것으로 예상된다면, 평년보다 아이스크림이나 음료 등이 덜 팔리겠지? 그렇다면 슈퍼에서 아이스크림이나 음료 등을 덜 주문하게끔 하는 거야. 그러면 못 팔게 되는 물건이 적어질 테고, 슈퍼는 그만큼 손해를 안 보게 돼.

　그뿐만이 아니야. 빅데이터는 전염병의 확산을 막는 데도 중요한 역할을 해. 우리 정부는 코로나19 바이러스를 막기 위해서 병의 확진자들이 이동한 경로 데이터를 분석해서 사람들에게 공개했어. 사람들이 이 데이터를 활용해 코로나맵, 굿닥, 헬로100 같은 진료와 예방에 유용한 앱 등을 만들어 병의 확산을 방지했어. 정확하고 빠른 데이터 공유와 분석으로 질병의 확산을 막는 데 큰 도움을 주었어.

　미국 올랜도의 월트디즈니 월드파크앤리조트(Walt Disney World Parks and Resorts)는 비즈니스 애널리스트(BA, business analyst)라는 빅데이터 분석 프로그램을 이용해서 사람들에게 맞춤형 호텔 상품과 서비스를 제공해. 이 호텔에 방문하는 아이들이 어떤 디즈니 캐릭터를 좋아하는지 미리 분석해서 그 캐릭터랑 아이들이 놀게 하거든. 이 모든 게 바로 빅데이터 덕분에 이뤄지는 일들이야.

이야기 셋

두근두근 빅데이터로 공모전에 도전하다!

이번 축제의 주인공은… 누가 될까?

"야. 야. 너네 1층 게시판 봤어?"

"게시판?"

"10월 말에 가을 축제를 하는데 우리가 직접 프로그램 아이디어를 낸대. 그 아이디어 공모전을 하나 봐."

대박! 나는 다른 아이들과 들뜬 마음으로 1층으로 몰려갔다. 이미 게시판 앞에는 많은 아이들이 있었다. 지호도 공고 앞에 서 있었다.

"배신자. 말도 없이 너 혼자 오냐?"

"<u>흐흐</u>. 미안해. 궁금해서 참을 수가 있어야지."

물론 하나도 안 미안한 얼굴이었다. 공고 내용은 다음과 같았다.

10월 28일에 예정된 솔원 초등학교 축제의 프로그램 아이디어에 대한 공모전을 개최합니다. 공모전에 당선되면 해당 프로그램을 직접 진행할 수 있습니다. 3일까지 아이디어를 받습니다. 공모가 종료되면 솔원 여러분들을 대상으로 본 게시판과 학교 홈페이지에서 동시에 투표를 진행할 예정입니다. 많은 참여 부탁드려요.

공고 아래로 참여 방법이 나와 있었다. 나와 지호는 의미심장하게 마주 보았다.

✹ ✹ ✹

"안녕. 제인."
"안녕하세요. 오늘은 더 기분이 좋아 보이네요."
제인의 말대로 우리는 들떠 있었다. 미스 와플은 어디 가셨는지 보이지 않았다.

"제인. 우리 학교에서 축제 때 할 프로그램 아이디어를 공모한대."

"축제 공모전요?"

"응. 지금까지는 학부모회에서 정한 프로그램을 했거든. 근데 그게 좀……."

"솔직히 지루했지. 부모님 생각과 우리 생각이 같을 수는 없잖아? 근데 우리가 프로그램을 직접 만든다니까 이번엔 재미있을 것 같아."

나와 지호의 설명을 듣던 제인이 물었다.

"흥미롭네요. 프로그램을 생각해 두신 게 있으세요?"

"아직은 없어. 하지만 곧 생각해 낼 거야."

지호가 당당하게 얘기하자 제인이 작게 웃었다.

"안녕. 너희 왔구나."

미스 와플이 포근하고 달콤한 냄새를 풍기는 호빵을 들고 나타났다. 나와 지호는 환호성을 질렀다. 이 시간쯤이면 아무리 점심을 많이 먹어도 배가 고팠다.

"감사합니다!"

우리는 감사 인사를 하고는 바로 호빵으로 달려들었다. 따끈따끈한 호빵은 달콤했고 그 안에 든 단팥은 호호 불며 먹기에 딱 좋았다.

"그런데 무슨 얘길 하고 있었니?"

"이번 축제 때 진행할 프로그램을 저희가 정한대요. 미스 와플."

"그래?"

"네. 프로그램 공모전이 열리는데 거기에 당선되면 우리가 진행도 직접 할 거래요."

"그거 재밌겠는걸. 어떤 프로그램으로 할지는 누가 결정하고?"

"그것도 우리가요. 학교 게시판에다 스티커를 붙이거나 학교 홈페이지에서 투표한대요. 그래서 아……."

한참 떠들던 지호가 말을 멈추자 나와 미스 와플은 지호를 보았다.

"지호야. 왜?"

"이거 꼭 빅데이터를 활용하는 얘기 같지 않아? 지난번에 할머니가 버락 오바마가 선거에 빅데이터를 이용했다고 말씀하셨잖아. 우리도 선거처럼 표를 얻어야 하는 일이니까, 오바마처럼 데이터 분석을 하면 아이들 표를 얻을 수 있지 않을까?"

"아. 그러네. 그런데 우리는 아이들 얘기를 일일이 들을 수 없잖아. 우리에게 데이터가 있는 것도 아니고."

"음. 검색 엔진에서 검색해 보면 되지 않을까?"

나는 미스 와플을 돌아보았다.

"할머니. 이상한 상점 문을 열기 전에 빅데이터 분석을 했다고 하셨잖아요. 그때 어떻게 하신 거예요?"

"음. 그건 말이다……."

미스 와플은 아이들에게 설명할 말을 고민하다 가볍게 손뼉을 쳤다.

"기왕 하는 거 즐겁게 해 보지 않을래? 제인. 좀 도와주겠어?"

"물론이에요. 미스 와플."

"자. 지금부터 내가 상점에 힌트를 몇 가지 숨겨 놓을 거야. 그걸 찾으면 데이터를 저장하고 처리하는 걸 도와주는 프로그램에 대해 알게 될 거다."

"에엑?"

지호와 나는 이상한 소리를 내며 미스 와플을 바라보았다. 미스 와플이 빙그레 웃자 우리는 은근히 승부욕이 생겼다.

"좋아. 뭐. 방 탈출 게임 같네!"

"그러네. 우리는 탈출 대신 빅데이터 궁극의 비법을 찾는 건가."

우리는 키득거리다가 문득 상점 문이 열려 있다는 걸 깨달았다.

"할머니. 근데 지금 그걸 해도 괜찮을까요?"

"맞아요. 미스 와플. 다른 손님들이 올지 모르는데, 어찌할까요?"

제인이 묻자 미스 와플은 잠시 고민에 빠졌다.

"흠. 그래도 오랜만에 즐겁게 게임해 보는 것도 나쁘지 않지?"

결심한 얼굴로 미스 와플은 상점의 문을 닫고 '좀 이따가 봐요' 팻말을 걸었다. 본격적으로 게임을 시작하는 기분이 들었다.

"그럼 지호랑 하린이는 잠시 눈감고 있을래? 눈뜨는 건 반칙이다."

우리가 눈을 감고 5분 정도 지났을까. 눈을 뜨라는 제인의 말에 두근거리는 마음을 안고 미스 와플을 바라보았다. 미스 와플은 장난스럽게 윙크를 했다.

"자. 모든 데이터는 흔적을 남긴단다. 빅데이터 분석이란 그 흔적을 따라가는 거지. 그렇다면 흔적을 어떻게 따라갈 수 있을까? 여기 내가 숨겨 놓은 힌트를 찾아보고 함께 고민해 보자꾸나."

미스 와플의 말이 끝나자마자 우리는 상점 안을 둘러보기 시작했다. 문까지 닫히니 진짜 방 탈출 게임 같았다. 완전히 신이 난 우리는 열심히 힌트를 찾아다녔다. 문득 나는 소리 없이 늘 같은 애니메이션이 나오던 TV에서 덤보 실사 영화가 나오고 있다는 걸 깨달았다.

덤보? 아무리 봐도 매일 보던 고양이와 쥐가 우당탕탕 싸우는 애니메이션이 아니라 아기 코끼리 덤보였다.

'아무래도 이게 힌트인 거 같은데?'

그때 지호가 갑자기 외쳤다.

"하린아. 여기 와 봐."

"왜?"

"이거 원래 있었던 거 아니지? 갑자기 생긴 거 같은데?"

창문에 무지개 그림이 비쳐 있었다. 그런데 자세히 보니 그 무지개에는 노란색만 빠져 있다.

"노란색이 없잖아?"

"이거 힌트 아닐까?"

"실은 나도 지금 TV에 나오는 덤보가 힌트 같아. 갑자기 만화가 바뀌었잖아."

"제인. 부탁이 있어. 노란색, 아기 코끼리 덤보. 이렇게 검색해 줘."

"네. 알겠습니다."

제인이 컴퓨터 모니터에 검색창을 띄웠다. 검색 결과, 덤보 이미지와 동영상, 아기 코끼리 덤보 그림 그리기 같은 사이트가 잔뜩 떴다.

"죄다 덤보네."

"그러게. 저건 빅데이터와 영 관련이 없는 것 같은데."

나는 검색어에서 덤보를 빼는 것이 어떨까 생각이 들었다.

'그러면 적어도 덤보 그림 그리기는 안 나오겠지.'

"제인. 노란색, 아기 코끼리로만 검색해 줄래?"

"알겠습니다."

이번에는 노란 코끼리란 책이 나왔다. 우리는 스크롤을 내리다가 문득 '[빅데이터 돋보기] 빅데이터를 춤추게 하는 노란 아기……'라는 사이트를 하나 발견했다.

"저거다!"

지호와 내가 동시에 외치고 그 사이트를 클릭했다. 한국과학기술정보연구원(KISTI) 공식 블로그였다. 거기에는 노란 코끼리 마크로 유명한 '하둡'에 대해 나왔다. 빅데이터를 분석하는 데 쓰는 프로그램 플랫폼이라고 한다. 하지만 그것만으로는 무슨 이야기인지 알 수 없어서 우리는 미스 와플을 보았다.

"잘하고 있구나. 그런데 이 자료만으로는 부족하고 조금 더 찾아볼까?"

미스 와플의 말에 자신감을 얻은 지호가 말했다.

"아. 빅데이터를 추가해서 한 번 더 검색해 보자."

제인은 노란색, 아기 코끼리, 빅데이터로 다시 한 번 검색해 주었다. 그러자 하둡을 설명해 주는 수많은 웹페이지가 떴다. 하지만 우리가 이해하기에는 너무 어려운 내용들이었다.

미스 와플은 우리에게 충분히 생각해 보라고 하고는 상점 문을 열었다. 문이 열리기를 기다렸는지 친구들이 우르르 들어왔다. 미스 와플이 아이들을 맞이하는 사이에 우리는 빅데이터와 하둡에 관한 이야기들을 차근차근 읽었다.

"야. 정하린. 그런데 이거 다 알겠냐?"

"음. 일단 빅데이터를 분석하는 데 하둡이 필요하다는 건 알겠어. 그런데 그걸로 뭘 어쩐다는 건지는 잘 모르겠다."

"이걸 쓰지 않으면 우리가 데이터를 아무리 모아도 이용하지 못한다는 건가?"

사이트에는 온통 알 수 없는 컴퓨터 용어와 영어들이 가득했다. 어디에도 초등학생들이 알기에 쉬운 설명은 없었다.

"와. 진짜 무슨 말이야. 누구든 좋으니까 한국말로 설명해 줬으면 좋겠어!"

그때 미스 와플이 우리에게 다가왔다.

"충분히 생각해 봤니?"

"정답은 하둡, 그리고 하둡은 빅데이터를 처리하는 소프트웨어라는 거 빼고는 하나도 모르겠어요."

내 말에 미스 와플이 미소 지으며 답하셨다.

"중요한 걸 다 알았네."

미스 와플의 말에 나와 지호는 곤란한 얼굴이 되었다.

"다 알았다고요?"

"이걸 어떻게 쓰는지 하나도 모르겠는데요?"

"아직 너희가 하둡을 쓰는 건 무리야. 너희가 바로 하둡을 이용할 수 있다면 데이터 과학자나 데이터 분석하는 연구원들이 억울해서 잠도 못 잘걸."

하긴 그럴 법도 하다. 우리는 이제야 겨우 빅데이터가 뭔지 배우고 있으니까. 하지만 하둡을 쓰는 법이 몹시 궁금했다. 나는 미스 와플에게 하둡에 대해 쉽게 설명해 달라고 부탁했다.

"우리가 빅데이터를 분석하려는 이유는 사람들의 마음을 읽기 위해서야. 그러려면 사람들이 무심코 흘리는 모든 정보들을 일단 저장해서, 중복되는 데이터들은 제거하고 원하는 데이터를 찾아내는 과정이 필요하지. 하둡이 하는 일이 바로 그거야."

"그럼 빅데이터를 분석해 주는 건 하둡만 있나요?"

"그렇지 않단다. 지금도 많은 플랫폼과 프로그램들이 개발되고 있지. 그런데 여전히 하둡을 이용하는 사람들이 많아. 하둡에 저장한 데이터는 수정할 수 없고, 읽기만 가능하기 때문이지."

수정할 수 없는 게 장점이라고? 수정할 수 없다는 건 무지 불편한 거 아닌가?

"수정할 수 있는 게 더 좋은 거 아니에요?"

"생각해 보렴. 지금 너희는 빅데이터 분석을 해서 아이들이 원하는 축제 프로그램을 찾고 있잖니?"

"네."

"그런데 아이들이 축제에 관해 쓴 여러 감상을 누군가가 데이터를 분석하면서 수정한다고 해 보자."

"아. 그렇다면 수정된 데이터는 아이들의 원래 생각이 담긴 게 아닐 수도 있겠네요."

"그렇지! 데이터는 원래 그 데이터를 만든 사람들의 의도가 순수하게 담겨 있어야 해. 이런 걸 데이터의 순수성이라고 한단다. 자, 그럼 이어서 얘기해 볼까?"

"네!"

"둘째, 하둡은 하둡 분산형 프로그램(HDFS)을 이용해서 데이터를 나눠서 저장해. 데이터를 비싸지 않은 여러 기기들과 드라이브들에다가 저장하기 때문에 데이터를 저장하고 분석하는 데 돈도 적게 들지. 그리고 드라이브들은 여러 개의 노드(통신망)로 이뤄져 있어서 똑같은 데이터들이 여러 개의 노드에 각각 자동으로 올라가. 그래서 만약 노드 하나가 고장 나거나 느려져도 여전히 데이터를 찾고 수집할 수 있단다."

"그럼 컴퓨터로 숙제를 하고 나서 잃어버릴까 봐 스마트폰에도 저장하고, 메일에도 저장하는 거랑 비슷한 건가요?"

"그렇게 이해하면 될 거 같구나."

어려운 설명에 지호의 표정이 잔뜩 굳어졌다. 그때 미스 와플의 찻주전자에서 삐! 하는 소리가 울렸다.

"코코아 한 잔 어떠니? 지금 당분이 필요할 것 같은데."

"헤헤. 맞아요. 감사합니다."

단 거라면 사족을 못 쓰는 지호의 표정이 스르륵 풀어졌다. 이를 보고 제인이 한마디 거들었다.

"미스 와플. 지호 군에게는 핫초코를 티스푼이 아니라 밥숟가락으로 넣어 주셔야 할 거예요."

"제인. 나 그 정도는 아니거든."

지호가 억울해하자 모두 웃음을 터트렸다. 꿀맛 같은 티타임이 끝나고 미스 와플은 다시 이야기를 시작했다.

"하둡에 저장된 수많은 데이터들은 그 자체로는 아무 의미도 없단다. 여기저기 흩어진 데이터를 관련 있는 것들끼리 묶어서 분류하는 작업이 필요한데 이걸 '맵(map)'이라고 해. 그리고 이 맵에서 분류한

데이터 중 깨졌거나 비슷해서 또 분석할 필요가 없는 데이터들은 제거하고, 원하는 데이터를 찾아내는 작업은 '리듀스(reduce, 줄이거나 없앤다는 의미)'라고 하지. 리듀스 작업을 거치면 '짜잔' 하고 너희들이 원하는 결과를 얻을 수 있어."

"맵과 리듀스요?"

"그래. 그걸 맵리듀스 프로그램이라고 해. 원래 원리는 구글이 발명해 냈지. 현재 하둡에서 빅데이터를 처리하는 기술 중 가장 인기가 많단다. 우리도 이걸 사용할 거야. 자. 빅데이터를 어떻게 수집하고 분석하는지 알게 되었으니, 이제 너희가 할 일은 뭘까?"

우리가 할 일? 하둡을 직접 사용하는 건 무리인데. 뭐가 있을까?

"아이들이 어떤 프로그램을 좋아할지 추측하는 거요?"

내가 조금 자신 없게 말을 꺼냈다. 그런데 미스 와플이 갑자기 박수를 치며 외쳤다.

"정답!"

미스 와플은 책상으로 가더니 종이를 두 장 꺼냈다.

"지금 너희가 하려는 작업을 '가설 세우기'라고 한단다. 데이터들은 언제나 있어. 그 데이터를 어떤 목적으로 이용할지 먼저 생각해 두는 작업이지. 너희는 어떤 프로그램을 만들고 싶니? 어떤 프로그램을 만들어야 다른 아이들도 좋아할까?"

지호와 나는 종이에 프로그램 아이디어를 끼적였다. 오늘 당장 프로그램을 정할 생각은 아니었기 때문에 우리의 고민은 길어졌다.

그러다 지호가 먼저 외쳤다.

"나는 완성!"

나는 고개를 빼고 지호의 종이를 바라보았다.

"할로윈 좀비 게임?"

그러고 보니 작년 할로윈 때 이웃 학교에서 전 학년에 좀비 게임을 한 적이 있었다. 고학년 아이들이 저학년 아이들의 좀비 분장을 맡았었다. 우리 학교 아이들도 엄청나게 관심을 가졌는데 지호도 당연히 그중 한 명이었다.

"작년에 좀비 게임을 다들 하고 싶어 했잖아. 나는 무조건 이걸로 나갈 거야."

"음. 무조건 그걸로 나간다면 뭐 하러 빅데이터 분석을 해?"

내 말에 지호가 꿀 먹은 벙어리처럼 입을 다물었다.

"그러네요. 이미 뭘 하고 싶은지 결정했다면 굳이 빅데이터를 분석할 필요가 없는데요?"

제인이 말을 덧붙이자 지호가 머쓱한 듯 머리를 긁적였다.

"그런가? 하린이 너는 뭐할 건데?"

"나는 대형 보드게임. 좀비 게임도 물론 재밌지만, 무서워하는 애들도 있을 것 같아. 나는 모두 좋아하는 걸 하고 싶어."

"좋아. 얘들아. 그럼 너희가 세운 가설에 필요한 데이터들을 수집해 볼까?"

우리는 학교 홈페이지에 올라온 작년 축제 후기들과 학급 애플리케이션에 있는 아이들의 이야기, 초등학생들이 SNS에 쓴 축제 후기, 전국 초등학교에서 진행한 축제 자료와 초등학생이 대상인 다양한 지역 축제, 해외 초등학교 축제 등에 대한 정보들을 모으기로 했다.

"지금까지 빅데이터에 대해 재미있는 이야기만 해 왔는데. 오늘은 별로 즐겁지 않지?"

미스 와플이 멋쩍게 웃으며 말했다.

"아뇨. 아까 하둡에 대해서 찾을 때 정말 재미있었어요."

"맞아요. 할머니."

우리의 말을 들은 제인이 한마디를 보탰다.

"그래도 지금 재미있다는 얘긴 안 하네요. 미스 와플."

제인의 말을 듣고 우리는 헛기침을 하며 시선을 돌렸다. 그 모습에 미스 와플은 크게 웃음을 터뜨렸다.

"지금은 재미있을 리가 없지. 하지만 나중에 이런 프로그램들을 직접 다루면 되게 재미있을 거다."

미스 와플은 다정한 손길로 컴퓨터 본체들을 쓰다듬었다.

"나도 예전에는 이 작은 상자 속에 얼마나 큰 세계가 있는지 꿈에도 몰랐거든. 수많은 숫자와 코딩, 소스 코드로 얼마나 멋진 알고리즘을 짤 수 있는지, 그걸로 얼마나 많은 일을 해낼 수 있는지도."

미스 와플의 눈이 반짝 빛나고 있었다. 이렇게 컴퓨터와 함께하는 일을 굉장히 좋아하신다는 느낌이 들었다. 문득 나도 미스 와플처럼 좋아하는 일을 하고 싶어졌다.

"자, 이제는 필요한 데이터들만 남기는 과정을 진행할 거야. 이렇게 이끌어 낸 데이터들을 너희는 분석할 거고. 이게 바로 '데이터 마이닝(data mining)'이란다."

"'마이닝'이 뭐예요?"

"예를 들어 금이 잔뜩 묻힌 광산이 있다고 치자. 그 광산에서 금들을 캐내는 게 바로 마이닝이란다."

"아. 그럼 데이터 마이닝은 빅데이터들 중에서 우리에게 필요한 데이터만 딱 찾아내는 거겠네요."

"그런 셈이지. 지금 가진 데이터들은 단순히 학교 업무 처리용으로

보관한 데이터들이거나 큰 의미 없이 사람들이 올린 후기들이야. 그런데 우리가 하려는 건 초등학생들이 축제 때 어떤 프로그램을 원하는지 아는 거고. 그 목적에 적합한 데이터 형태로 만들어서 분석해 주는 것이 데이터 마이닝이지."

"그럼 우리가 데이터 광부가 되는 건가요?"

지호가 농담처럼 말하자 제인이 나섰다.

"데이터 광부 여러분이 좋은 데이터를 선별하도록 제가 힘써 봐야겠군요."

"잘 부탁해! 제인."

우리는 머리를 맞대고 제인이 출력하는 자료들을 들여다보았다. 자료는 한눈에 알아보기 쉽게 그래프와 도표로 나와 있었다. 하지만 데이터 마이닝 과정을 거쳐서 나온 결과물들은 우리의 예상을 완전히 빗나갔다.

"사람들이 가장 좋다고 생각한 건…… 머, 먹거리 축제잖아."

지호가 당황한 듯 말을 더듬었다. 당황한 건 나도 마찬가지였다. 나는 분명 대형 보드게임이 인기 있을 거라고 생각했다. 그런데 데이터를 분석한 결과, 의외로 먹는 체험이나 만들기가 아이들에게 높은 평가를 받았다.

"이 결과대로라면 우리 둘 다 아닌 거 같은데?"

"그런데 대형 보드게임이랑 비슷한 놀이마당 같은 걸 좋아한다는 데이터도 엄청 많잖아. 아이들은 다 같이 할 수 있는 게임을 좋아한다는 증거지."

"그렇게 따지면 가장행렬 같은 건 전부 내 의견이 옳다는 증거가 될걸."

"김지호. 가장행렬과 할로윈 좀비 추격전이 어떻게 똑같아?"

"보드게임이랑 놀이마당도 애초에 다르잖아. 네가 세운 가설대로 하고 싶다고 아무거나 너 편할 대로 끌어들이면 되냐."

"그러면 좀 어때서? 너도 그렇게 하면 되잖아."

내 뾰족한 목소리에 지호는 기분이 상한 듯했다. 분명 방금 전까지 즐거웠는데, 순식간에 나도 기분이 나빠졌다.

"자, 애들아. 우리 이러면 어떨까. 오늘은 너무 오래 이야기를 나누어서 피곤할 거야. 이만 가고 내일 다시 모이는 걸로. 어때?"

미스 와플의 말씀이 옳다. 이렇게 속상한 마음으로는 될 일도 안 될 것만 같다. 나와 지호는 제인이 출력한 결과물을 챙기고 상점을 나왔다. 그러고는 서로 인사도 없이 헤어졌다.

정하린. 뭐 하냐.

알람 소리에 나는 잠깐 휴대폰 화면을 보았다. 지호가 보낸 메시지였다. 평소 같으면 얼른 답장을 했을 텐데 괜히 망설여졌다. 아직 기분이 풀리지 않았기 때문이다.

"앗!"

앞에 '1'이 없어질까 봐 바깥 창으로만 보려고 했는데, 그만 실수로 채팅창을 눌러 버렸다.

> 밥은 먹었냐?

앞에 '1'이 없어지자마자 지호가 또 메시지를 보냈다. 고민하다 나는 답했다.

> 방금 먹었어. 너는?

문득 타자를 치다 역시 내가 먼저 사과해야 한다는 걸 깨달았다.

> 아까는 짜증내서 미안.

지호가 바로 읽었는지 '1'이 금세 사라졌다.

> 나야말로 미안. 그게 뭐라고 그렇게 화냈는지 모르겠다.

> 맞아. 생각해 보니까 와플 할머니랑 제인한테도 죄송하다.

> 그러게. 내일 사과드리자. 잘 자고 내일 봐!

> 응. 너도 잘 자.

나는 빙그레 웃으며 휴대폰을 내려놓았다. 어느새 마음이 한결 가벼워졌다.

다음 날, 우리는 학교가 끝나자마자 이상한 상점으로 향했다.
"안녕하세요. 할머니. 안녕. 제인."
"안녕. 얘들아. 아! 너희 화해했구나."
"네. 어제는 죄송했어요."
"별말을 다 하는구나. 그럼 어제에 이어서 시작해 볼까?"
"네!"
우리는 다시 한 번 차근차근 결과물을 살펴보았다. 나는 알 수 없는 미소만 짓고 있는 미스 와플을 보고 말문을 열었다.
"할머니. 만약에 가설을 세운 게 틀렸다면 어떻게 해야 할까요? 데이터 마이닝을 한 결과를 따라야 할까요?"
"음. 하린이는 어떻게 하고 싶은데?"
"저는 처음에 제가 세운 가설이 옳다고 생각했어요. 모두 보드게임을 좋아할 거라고요. 그런데 빅데이터를 분석한 결과를 보니까, 사람들의 생각과 제 생각이 다르다는 걸 깨달았어요. 사실 공모전에는 보드게임을 내고 싶은데, 축제는 저 혼자 하는 게 아니라 모두 함께하는 축제잖아요."

"그렇지."

"그러니까 빅데이터 분석 결과에 따르는 게 옳을 것 같아요."

그때 잠자코 우리 대화를 듣던 지호가 말했다.

"저도 어제 같은 고민을 했는데요. 제가 하고 싶은 거랑 사람들이 하고 싶은 거랑 헷갈렸던 것 같아요."

"음. 너희가 하고 싶었던 게 있다면 그대로 내는 것도 좋아. 어차피 학교에서 축제 프로그램 아이디어를 공모하는 이유는 너희의 자유롭고 창의적인 의견을 받기 위해서니까. 그런데 너희가 만약 빅데이터 분석 결과를 토대로 아이디어를 내고 싶다면, 분석 결과를 따르는 것도 좋을 거 같구나."

"그럴까요?"

"그리고 데이터 마이닝은 누군가를 이기기 위해서 하는 게 아니란다. 가치있는 걸 함께 찾아내서 더 나은 결과를 만들기 위해서 하는 거지."

가치 있는 걸 함께……. 우리는 말없이 우리가 적은 가설과 빅데이터 분석 결과지를 번갈아 보았다.

"같이 아이디어를 짤래?"

"우리 같이 하자!"

나와 지호가 동시에 말을 꺼냈다. 우리는 서로의 얼굴을 보고는 크게 웃음을 터뜨렸다.

이후의 일은 일사천리였다. 결과가 나왔고, 사람들의 생각을 알아냈으니 거기에 맞추기만 하면 된다. 미스 와플이 준 막대 사탕을 우물거리면서, 우리는 정확히 무엇을 할지 의논했다.

"일단 먹거리 축제로 하는 건 찬성이지?"

지호가 제안서를 쓰기 전에 마지막으로 확인했다.

"응. 근데 어른들이 참여하는 건 싫어."

"나도. 기왕 하는 거 처음부터 끝까지 우리 힘으로 하고 싶어."

"그럼 먹을 걸 우리가 만들어야 하는데……."

"아무래도 불로 조리하는 건 어렵겠지?"

사실 지금까지 축제에서 먹거리 행사가 없었던 건 아니다. 작년만 해도 엄마들이 떡볶이와 어묵, 떡꼬치를 만들어 주었다. 그런데 그런 건 전부 불로 조리해야 해서 우리가 직접 하기는 어려울 것 같다. 불을 사용하지 않고, 아이들도 재미있게 먹을 수 있는 게 뭐가 있을까? 마음 같아서는 컵라면이 먹고 싶은데 뜨거운 물이 필요하니 어려울 것 같고.

"아! 꼬치 같은 거 어때?"

막대 사탕을 쪽 빨던 지호가 외쳤다.

"꼬치?"

"과일 꼬치 같은 거. 불도 필요 없고. 고학년들이 과일이나 채소를 잘라 놓으면 저학년 아이들이 꿰어서 먹는 거야."

"오. 좋은데. 퐁듀 같은 것도 좋을 거 같다. 초콜릿 분수가 있으면 꼬치를 초콜릿에 묻혀 먹는 것도 재미있을 것 같아!"

"대박!"

"정말 좋은데요."

갑자기 천장에서 제인의 목소리가 들려왔다.

"제인. 정말 좋은 생각 같아?"

"네. 빅데이터 분석 결과, 초등학생들이 가장 좋아하는 것은 먹거리와 체험이었거든요. 꼬치를 직접 만들어 먹는 것은 그 두 가지를 전부 할 수 있는 방법이니 최선의 선택이에요!"

우리는 제인의 응원에 신나서 '마시멜로 과일 꼬치와 예산이 된다면 초코 퐁듀도 만들어 먹자'는 주제로 공모전 프로그램을 적었다.

"재료는 4,5,6학년이 준비하고 1,2,3학년들이 오면 꼬치에 각자 원하는 것들을 끼워서 먹는 거야. 어때?"

내 제안에 지호가 고개를 끄덕였다.

"좋아. 좋아. 예산이 얼마나 될지 모르겠지만 꼭 할 수 있었으면 좋겠다."

그때 제인은 한 장짜리 그림으로 알아보기 쉽게 써서 내는 게 좋을

것 같다고 충고했다.

"그림?"

"네. 그런 걸 인포그래픽스라고 해요. 데이터 분석 결과를 알아보기 쉽게 그림이나 그래프 등으로 표현하는 걸 말해요. 인포그래픽스는 데이터 마이닝의 꽃이라고 할 수 있어요."

그러고 보니 제인이 출력한 분석 결과지도 한눈에 보기 쉽게 그림으로 만들어졌다. 나와 지호는 제인의 권유대로 컴퓨터 앞에 앉아서 데이터 분석 결과와 함께 우리의 제안을 일단 엑셀 파일로 만들었다. 엑셀로 우리가 넣는 자료들을 간편하게 막대그래프 등으로 바꾸었다. 생각보다 오래 걸렸지만, 작업을 끝냈을 때 무척 뿌듯했다.

그래서 결과는 어땠냐고? 우리의 '초코퐁듀 꼬치 만들어 먹기'가 많은 아이들의 지지를 받아 당당히 축제 프로그램으로 당선됐다! 그리고 인기 대폭발이었다.

빅데이터는 어떻게 분석할까? 데이터 마이닝에 대해 알아보자!

 빅데이터 분석 플랫폼, 하둡이란 뭘까?

 하둡 로고 ⓒApache Hadoop org

하둡(Hadoop)은 2006년 야후에서 일하던 더그 커팅(Doug Cutting)이 '넛치'라는 검색 엔진을 개발하면서 만들었어. 현재 기술로는 많은 용량의 빅데이터를 처리할 수 없다는 것을 깨닫고, 새 기술을 찾은 거지. 더그는 구글에서 발표한 구글 분산파일 시스템(GFS, Google File System)과 맵리듀스(MapReduce)에 관한 논문을 참고해서 하둡을 개

발했어. 이후 하둡을 아파치 재단의 오픈 소스(소스 코드가 공개되어 누구나 무료로 볼 수 있고 버그 같은 문제를 직접 수정할 수 있는 소프트웨어)로 공개했지. 하둡 덕분에 '누구나' 빅데이터를 분석할 수 있게 됐어!

하둡이 빅데이터를 처리하는 방식은 다음과 같아. 적당한 성능을 지닌 컴퓨터를 여러 대 모아둬. 이 여러 컴퓨터들이 큰 데이터를 동시에 처리하는 거야. 그러면 커다란 데이터를 여러 컴퓨터가 쪼개어 처리하니까 속도가 빨라지겠지?

→ 하둡의 핵심 기능! 분산파일 시스템과 맵리듀스!

하둡은 크게 수천 대로 나뉜 장비에 파일을 저장해 내는 '분산파일 시스템(Hadoop Distributed File System, HDFS)'과 저장한 파일을 빠르게 분석하는 '맵리듀스 프레임워크(MapReduce Framework)'로 이루어져 있어. 거대한 양의 빅데이터를 분석하려면 처리하는 과정을 단순하게 만들어야 해. 그래야 수많은 서버에 흩어 놓고도 나란히 한 번에 처리할 수 있거든.

여기서 '처리'란 데이터에서 중복된 건 지우고 필요 없는 건 걸러 내는 작업을 말해. '맵리듀스 프레임워크'가 이 일을 맡고 있지. 그런데 맵리듀스 프레임워크에도 단점이 있어. 기술 지원이 어렵고, 모든 '맵(데이터 정리)' 과정이 진행될 때까지 '리듀스(필요 없는 데이터 삭제)' 과정이 실행되지 않아. 그래서 상대적으로 성능이 느리지.

현재는 이를 보완하기 위해 피그(Pig)나 하이브(Hive), HBase, 임팔라(Impala), 타조(Tajo)란 시스템이 추가됐어. 그중 임팔라나 타조는 맵리듀스를 이용하지 않고도 자체 개발 엔진으로 더 빠르고 간단하게 데이터 마이닝을 해내지.

→ 핵심 기능과 부수 기능까지 더해진 하둡 생태계!

하둡의 '핵심 기능'은 데이터를 흩어지게 해서(분산해서), 저장하고 처리하는 거야. 하지만 여기에만 만족하지 않고 점점 발전해 왔어. 빅데이터들을 잘 이용할 수 있도록 다양한 부수 기능들을 추가하고 있지. 이 모든 걸 하둡 생태계, 즉 '하둡에코시스템'이라고 해.

하둡의 가장 큰 특징이자 장점은 무엇일까? 누구나 하둡 프로그램의 소스를 쓸 수 있다는 거야. 소스를 쓸 수 있는 권한을 공개(오픈open)해 둔 거지. 이걸 오픈 소스(open source)라고 해. 그래서 아마존이나 데이터스택스(DataStax)란 회사도 하둡을 자기 회사에 맞게

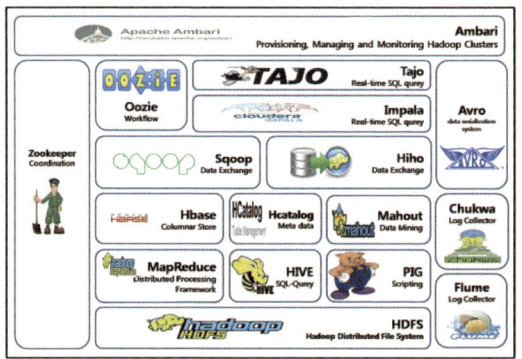

하둡에코시스템 ⓒ클라우데라 사

- 하둡의 핵심 기능 : 분산 데이터 저장(HDFS), 분산 처리(MapReduce)
- 하둡의 부수 기능 : 업무 흐름 관리, 데이터 마이닝, 분석, 수집, 직렬화 등

변형해서 쓰고 있어.

오픈 소스가 좋은 건 프로그래밍 언어를 알면 사용자가 직접 소프트웨어의 문제를 고치거나 자신에게 맞게 만들 수 있다는 거야. 제품을 개발하는 과정에 필요한 소스 코드나 설계도가 모두 공개되어 있기 때문이야.

→ 여기서 잠깐! 오픈 소스는 뭐고 오픈 API는 뭘까?

오픈 소스에서 말하는 '소스(source)'는 '프로그램 자체'를 말해. 만약에 어떤 게임이 프로그램 소스를 공개한다(오픈 소스로 배포된다)고 가정해 보자. 그럼 우리는 그 게임의 소스를 바꿔서 우리가 원하는 스테이지를 만들거나 원하는 캐릭터를 추가할 수 있어.

반면 오픈 API(Application Programming Interface)는 프로그램 소스를 공개하지는 않아. 오픈 API는 API를 제공하는 쪽에서 가지고 있는 '데이터'를 제공해. 다시 말하면 API, 즉 여러 애플리케이션(앱)들을 만들 수 있는 빅데이터들과 이것을 다루는 프로그램이나 운영체제의 기능을 공개한다는 거야.

세계적으로 가장 많이 인용되는 API는 뭐가 있을까? 바로 구글 검색과 구글 맵, 이베이의 중고 거래 데이터야. 오픈 API를 이용하는 앱들은 대부분 빅데이터를 활용하거든.

사실 이 오픈 API는 해킹에서 시작됐어. 구글은 구글 맵에 대한 데이터 사용량(트래픽)이 갑자기 엄청나게 늘어서 이 일을 조사했어. 그랬더니 미국의 부동산 사업가 '폴 러더마커(Paul Rademacher)'가 구글 지도 앱 코드를 해킹했다는 것을 알게 됐지.

폴은 해킹한 구글 지도 데이터와 부동산 정보를 조합해 하우징맵 사이트(Housing Maps.com)를 만들었어. 이 사이트가 인기를 얻으면서 구글 맵의 데이터 사용량이 늘었던 거지. 구글은 이 일로 구글 맵의 API를 아예 공개하고 이례적으로 자기 회사를 해킹한 폴을 고용했어.

이처럼 오픈 API를 이용하면 우리가 직접 데이터를 모으지 않아도 내비게이션도 만들고 폴처럼 홈페이지를 만들어 검색 엔진을 실을 수도 있어. 우리나라에도 있는 부동산 거래 앱, 미세먼지 앱도 공공 기관의 오픈 API를 이용해 만든 거야.

데이터 마이닝이란 무엇일까?

데이터 마이닝은 데이터들 속에서 쓸모 있고 가치 있는 정보를 찾아내는 것을 말해. 데이터 마이닝을 통해 우리는 다양한 관점에서 데이터들을 분석해 의미 있는 결과물을 만들 수 있지! 데이터 마이닝을

하는 방법은 아래와 같아.

1. 사전에 가설을 만든다

빅데이터를 수집하기 전에 '가설'을 세워야 해. 빅데이터를 분석하는 목적은 여러 가지가 있어. 데이터 마이닝을 하기 전에 그 목적을 먼저 생각해야 돼. 그래야 목적에 맞는 데이터들을 수집할 수 있겠지?

2. 데이터를 수집하고 저장한다

데이터 수집!

관련 데이터끼리 묶기!

중복되거나 필요 없는 데이터 제거하기!

원하는 데이터 추출

데이터를 수집할 때는 필요한 데이터가 뭔지 잘 확인해야 해. 깨진 데이터나 신뢰할 수 없는 데이터들을 골라내서(맵map), 제거하는 작업(리듀스reduce) 후 수집한 데이터들을 저장하는 거야.

3. 분석 수법을 활용 후 결과 해석

빅데이터를 수집, 저장, 분석해 주는 소프트웨어는 많아. 앞서 설명한 하둡이 가장 널리 알려진 플랫폼이야. 최근에는 하둡뿐만 아니라 다양한 프로그램을 사용해서 빅데이터 분석을 해.

데이터 과학자들은 대량의 데이터를 분석하다 보면 기존에는 몰랐던 데이터 간 상관관계를 찾을 수 있고, 그 결과 새로운 아이디어를 많이 얻을 수 있다고 보았어. 이게 바로 데이터 마이닝의 핵심이야!

> 빅데이터 분석 과정에서 주의할 점

그런데 빅데이터를 분석할 때 주의할 점이 있어. '무엇'을 위해 분석을 하는지 잊지 말아야 한다는 거야. ==데이터가 '믿을 만한 것'인지도 잘 살펴야 해.==

구글의 야심 찬 계획이었던 '독감 트렌드'를 예로 들어 볼까? 구글은 구글 검색 데이터를 활용해 독감 유행 수준을 예측하려고 했어. 독감이 유행하면 독감 관련 검색어가 많아지거든. 내가 독감에 걸린 게 맞는지, 독감을 치료하는 가장 가까운 병원은 어딘지 등 사람들이 독감에 관련된 정보를 얻고자 해.

구글은 독감에 대해 검색하는 사람 수와 실제로 독감 증상이 있는 사람 수 사이에 밀접한 관계가 있다고 생각했어. 2008년 구글은 이 데이터들을 분석해서 독감이 어느 정도 유행하는지 예측하는 서비스를 선보였지. 이 분석은 그간 미국 질병통제예방센터(CDC) 데이터와 비교했을 때 꽤 믿을 만했어.

구글의 독감 트렌드는 빅데이터의 우수 사례로 손꼽혀 왔지. 하지만 2008년 11월에 발행된 과학저널 〈네이처〉에서 구글 독감 트렌드에 있는 맹점을 밝혔어.

구글 독감 트렌드가 미국 50개 주 중 47개에 퍼진 '살인독감' 트렌드를 제대로 파악하지 못했거든. 당시 구글은 미국 질병통제예방센터가 발표한 수치보다 2배 넘는 독감 예상치를 발표했어.

왜 이런 결과가 나왔을까? 그 당시 이례적으로 독감이 때늦게 유행하고 변종 독감 바이러스에 대한 공포가 커진 상황이었어. 그래서 사람들은 독감에 걸리지 않아도 독감에 대해 많이 검색했지. 구글은 이 검색 결과를 전부 '독감이 유행했기 때문'이라고 본 거야. 정말 독감에 걸려 검색하는 사람과, 그냥 알아보려고 검색해 본 사람들을 구분할 수 없었어. 이 사례는 데이터 분석 결과만을 믿었다가는 현실을 잘못 해석할 수 있다는 걸 깨닫게 했지.

빅데이터 분석 오류의 예는 또 있어. 2004년 코카콜라와 펩시는 다이어트 열풍으로 'C2'와 '펩시엣지'라는 저칼로리 제품을 내놓았어. 여기에 7500만 달러(약 888억 5000만 원)이나 썼어. 그런데 데이터 분석 결과만 믿은 나머지 가장 중요한 '맛'에 신경을 쓰지 못한 거야. 이 두 제품은 사람들에게 철저히 외면 받고 말았어.

4. 데이터 시각화 - 인포그래픽스

데이터 마이닝 과정을 잘 마쳤다면 마지막으로 할 일은 분석한 데이터를 한눈에 보기 쉽게 도표나 그래프 등으로 정리하는 거야. 이걸 데이터 시각화라고 해. 여기서 많이 쓰이는 게 바로 인포그래픽스(infographics)야.

인포그래픽(infographic)은 정보를 나타내는 인포메이션(information)과 그래픽(graphic)을 합친 말이야. 무척 생소한 용어처럼 보이지만 사실 예전부터 있던 거야. 어떤 정보를 시각적으로 표현하려는 것을 다 인포그래픽이라고 보면 돼. 백의의 천사로 잘 알려진 '플로렌스 나이팅게일'의 예를 들어 볼까? 나이팅게일은 군 당국자들에게 자신의 주장을 뒷받침할 자료로 단 한 장의 그림을 선보였어. 바로 아래 그림이야.

도표를 보면 원은 1년을 나타내. 1년은 1개월짜리 12조각으로 구성돼. 조각 길이는 1개월간 죽은 사람들의 수를 보여 주지. 색깔은 사

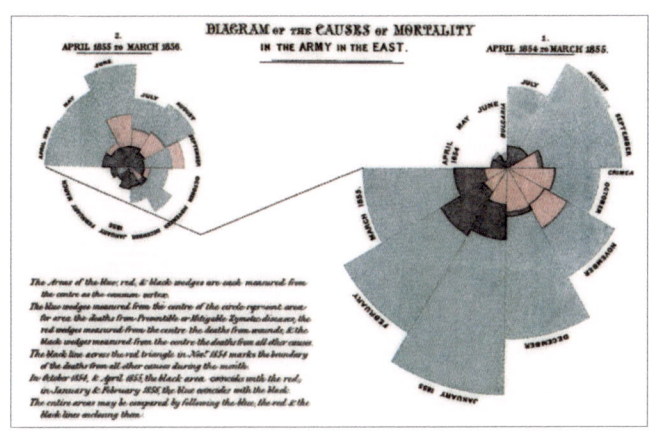

'사망 원인 도표(Diagram of the Causes of Mortality, rose chart)'
플로렌스 나이팅게일(플로렌스 나이팅게일 박물관 제공 이미지)

망 원인이야. 바깥쪽 푸른색은 전염병으로 인한 사망, 붉은색은 전투 중 치명적인 부상으로 인한 사망, 갈색은 기타 원인 사망이야. 이렇게 하니 2년치 자료를 한눈에 볼 수 있었지. 이 한 장의 그림 덕분에 나이팅게일은 손쉽게 군 당국을 설득해 수많은 사람들을 살릴 수 있었어.

때로는 한 장의 그림이 백 마디 말보다 효과적이야! 빅데이터 분석만큼 인포그래픽스가 중요한 이유지.

이야기 넷

데 이 터
과 학 자 ?
빅 데 이 터
전 문 가 ?
미스 와플은
대체 무슨
일을 할까?

빅데이터로 미스 와플의 정체를 밝혀라!

"그런데 궁금하지 않아?"

어느새 축제도 지나고 한 학기가 거의 끝나는 겨울이 되었다. 밑도 끝도 없는 질문에 내가 멀뚱히 보자 지호가 냉큼 말을 이었다.

"미스 와플 말이야."

"할머니가 왜?"

"미스 와플이 정말 뭐하시는 분인지 안 궁금하냐고."

아, 사실 나도 궁금하긴 했다. 이상한 상점은 미스 와플의 직업이라기보다는 취미 같다. 매일 열지도 않는데다가 저번처럼 게임을 하느라 잠시 가게를 닫기도 하고.

"지금부터 한번 알아볼래?"

지호는 내가 대답하기도 전에 가방에서 종이를 몇 장 꺼냈다.

"이게 뭐야?"

"그동안 내가 미스 와플에 대해 생각해 본 거!"

종이에는 '수학자? 컴퓨터공학 기술자? 데이터 과학자? 경제학자? 통계학자?'가 적혀 있었다. 나도 예상한 미스 와플의 직업이다.

"좋아. 일단 미스 와플의 직업이 이 중 하나라고 가정하고. 미스 와플에 대해 알고 있는 걸 번갈아 얘기해 보자. 자료를 수집해야지."

내 제안에 지호가 자신 있게 말했다.

"첫째, 미스 와플은 이상한 상점 주인이다. 하지만 항상 문을 열지는 않는다. 빅데이터를 활용한 것이겠지만, 사실은 따로 하는 일이 있지 않을까? 그게 예전에 말씀하신 '비밀'이 아닐까?"

"좋아. 둘째, 미스 와플은 네트워크와 통계, 데이터 과학 등을 무척 잘 알아. 하지만 그걸 알려 줄 때는 우리가 스스로 알아내도록 힌트를 준다. 이런 점은 마치 선생님 같지 않아?"

"맞아. 선생님이실 수도 있겠다."

우리는 종이에 '선생님?'을 쓰고 방금 얘기한 부분도 적어 놓았다.

"근데 이거 꼭 축제 프로그램 공모전 준비할 때 생각난다."

"그러네. 미리 가설을 세우고, 데이터를 모으고, 그 데이터를 분석하는 거 말이야."

"미스 와플을 만나고 나서부터 무슨 일이 있을 때마다 이렇게 하는 것 같아."

"헤헤. 나도."

나는 키득 웃다가 다시 종이로 눈을 돌렸다. 문득 '데이터 과학자'란 단어가 눈에 들어왔다. 우리는 동시에 외쳤다.

"데이터 과학자!!"

상점의 문은 다행히 열려 있었다. 그런데 미스 와플은 어디 가셨는지 보이지 않았다.

"제인. 할머니는 어디 가셨어?"

"미스 와플은 잠깐 연락 받고 나가셨어요. 30분 후에 돌아오신다고

했어요. 상점 문은 아이들을 믿으니 그냥 열어 두겠다고 하셨고요."

"아. 아쉽다."

"무슨 일 있으세요?"

제인이 되묻자 지호가 대답했다.

"그게, 미스 와플에 대해 궁금한 게 있었거든."

"미스 와플에 대해서요?"

"제인. 실은…… 할머니의 직업이 궁금해."

"미스 와플은 이 이상한 상점을 운영하고 계십니다."

제인은 시치미를 뗐다. 하지만 우리는 포기하지 않았다.

"미스 와플은 데이터 과학자인 거 아냐?"

내가 단도직입적으로 물어보자 잠시 침묵이 흘렀다.

"어떻게 아신 거죠?"

제인의 답에 우리는 서로를 바라보았다. 반신반의했는데 정말 데이터 과학자셨다니.

"그럼 할머니는 이상한 상점도 운영하고 데이터 과학자로도 일하는 거야? 대박!"

지호가 외치자 제인이 헛기침을 했다. 제인은 정말 갈수록 더 사람 같다. 제인이 학습한 데이터의 양은 대체 얼마나 되는 걸까?

"제인. 데이터 과학자는 어떤 일을 해? 할머니는 어떻게 두 가지 일을 다 하시는 거야?"

"설마 그런 것도 모르고 저에게 미스 와플이 데이터 과학자냐고 물으신 건가요?"

"아. 뭐. 그렇지?"

우리가 어정쩡한 얼굴로 말하자 제인이 한동안 말을 멈추었다. 그게 왜 한숨처럼 느껴질까?

"우선 미스 와플은 데이터 과학자가 맞는데, 엄밀히 말하면 데이터 엔지니어 겸 딥러닝 엔지니어세요."

"잉? 그게 무슨 말이야?"

"데이터 과학자들도 맡은 일에 따라 직무가 나뉘어요. 미스 와플은 서버에서 데이터를 추출하고 대용량의 데이터를 분석하는 '분산처리 기술'을 사용하고 또 만들죠. 다른 데이터 과학자들이 만든 알고리즘을 유지 보수하기도 하고요. 그리고 AI를 만들어 내세요. 저도 미스 와플이 만들었어요."

무슨 말인지 이해하긴 힘들었지만, 한 가지는 확실히 알겠다.

"와. 제인은 할머니의 딸이었구나."

내 말에 제인이 잠시 말을 멈추었다.

"정말 그렇게 생각하세요?"

"할머니께서 널 만드셨다며? 그럼 당연히 미스 와플이 제인의 엄마인 거지."

지호도 거들자 제인이 말이 없어졌다. 우리가 이상해서 "제인?" 하고 부르자 제인은 아무 일도 없었다는 듯 다시 말을 건넸다.

"그럼 우선 데이터 과학자 먼저 설명해 드릴까요?"

"응."

"데이터 과학자가 하는 일은 빅데이터를 분석해 회사가 더 나은 방향으로 나아가도록 길을 제시하는 거예요."

"길을 제시한다고?"

"예를 들어 볼까요? 미스 와플의 이상한 상점에 들르는 사람들은 주로 누구일까요?"

"초등학생들?"

"그렇죠. 그 초등학생들의 마음을 사로잡으려면 일반적인 초등학생들의 생각을 알아야겠죠. 그리고 그 생각을 알아내는 방법이 요즘은 매우 다양해졌습니다."

"빅데이터 분석 툴과 하둡!"

우리가 자신 있게 답하자 제인이 작게 웃음을 터뜨렸다.

"네. 초등학생과 관련된 수많은 데이터를 잘만 분석한다면 우리는 초등학생들이 좋아하는 것을 알게 되겠죠. 여기서 중요한 것은 데이터 분석을 과연 '어떻게' 하는지예요."

"아."

"두 분도 겪어 봤지만, 데이터를 잘못 분석할 수도 있고 엉뚱한 데이터를 분석할 수도 있어요. 분석 결과가 항상 100% 맞는 게 아니죠. 데이터를 분석할 때 방법이 옳은지, 분석 결과를 적용하기 위한 더 좋

은 알고리즘이 없는지, 이 분석 결과를 어떻게 쓸지를 결정하는 건 '사람'입니다. 데이터 엔지니어인 미스 와플은 그 데이터를 분석하기 위한 소프트웨어를 연구하고 계시죠. 그 외에도 저처럼 인공지능을 만들기 위해 컴퓨터에 머신러닝, 딥러닝을 적용하는 일도 하세요."

나는 제인의 말을 들을수록 왠지 가슴이 뛰었다.

"저는 미스 와플이 데이터 과학자로도 계속 활동하시는 게 무척 좋아요. 그분이 뛰어난 데이터 과학자이기 때문에 제가 탄생할 수 있었으니까요."

"제인. 데이터 과학자가 되려면 어떤 공부를 해야 해? 박사가 되고 유학도 다녀와야 해?"

"미스 와플은 수학을 전공하고 대학원에서 컴퓨터 공학을 공부하셨어요. 하지만 박사는 아니죠. 그래도 미스 와플이 데이터 과학자가 되는 데 아무런 문제도 없었어요."

"그렇구나. 나는 그런 직업은 꼭 박사가 되어야 하는 줄 알았어."

"물론 박사 학위가 있다면 좋죠. 하지만 데이터 과학자는 되기 전보다 되고 나서가 더 중요해요. 빅데이터 분석과 알고리즘, 컴퓨터 프로그래밍 등 소위 IT 분야는 나날이 발전하지요. 새로운 이론과 논문들이 '하루가 멀다' 하고 쏟아져 나와요. 미스 와플도 매일 새로 나온 프로그램을 찾아보고 논문을 읽고 학회에도 참석하면서 공부하시죠."

제인의 설명을 들으니 데이터 과학자는 무척 힘든 일 같았다. 하지만 그만큼 재미있을 것 같다. 언젠가 미스 와플이 얘기한 것처럼, 이 작은 상자 속에 무한히 펼쳐지는 세계에서 내가 원하는 일들을 해내고 싶기도 했다.

"데이터 과학자가 되려면 어떻게 해야 해?"

내가 묻자 제인은 우리 앞에 어떤 창을 하나 띄웠다.

눈앞에 펼쳐진 창에는 곱게 머리를 틀어 올린 19세기 여성의 그림이 나와 있었다.

"어? 저건 나이팅게일 아니야?"

"맞아요. 나이팅게일을 대개 간호사로만 알고 있는데, 그녀는 누구보다 뛰어난 데이터 분석가이자 보건 행정가였어요. 나이팅게일은 통계의 본질을 꿰뚫어 보고 데이터 분석과 연결시켰죠."

"정말?"

"네. 나이팅게일이 처음 병원에 도착했을 때 그녀는 군인들이 왜 이렇게 많이 죽는지 의문스러웠어요. 직접 병원에서 환자들을 관찰한 결과, 환자들이 부상보다 전염병으로 더 많이 죽는다는 걸 알아냈죠. 당시 나이팅게일은 침대 위치, 환기, 채광 등 환자의 건강과 생명을 둘러싼 병원 내 모든 것을 관찰했어요. 또 그에 관한 데이터들을 수집해 분석했지요. 그녀의 분석대로 병원 환경을 바꾸자 6개월 만에 병원의 사망률이 60%에서 2%까지 떨어졌죠. 나이팅게일은 데이터 분석을 통해 수많은 생명들을 살린 거예요."

"그렇구나. 그런데 나이팅게일은 19세기 사람이잖아. 현대 데이터 과학자와 무슨 관계가 있는 거야?"

"제 얘기 중에 이미 답은 나와 있어요. 지호군."

제인은 마치 미스 와플이 된 것처럼 수수께끼 같은 말을 했다.

"현대 데이터 과학자의 일도 과거 나이팅게일이 한 일과 큰 차이가 없다는 거야?"

"맞아요! 하린 양."

제인은 차분히 설명을 이어 나갔다.

"나이팅게일은 현장을 돌아다니며 병원의 문제점을 파악했죠. 그 문제를 어떻게 해결할 수 있을지 고민했어요. 그럼 나이팅게일의 사례로 볼 때 데이터 과학자는 과연 어떻게 해야 할까요?"

"으아. 제인 너까지 우리한테 문제를 내는 거야?"

지호는 투덜거렸지만 잠시 생각을 하더니 씩 웃으며 말했다.

"데이터를 잘 이용해야 한다!"

"그리고 또 뭐가 있을까요?"

데이터를 수집해서 잘 분석하는 거 말고 뭐가 더 있나? 나는 고민에 빠졌다. 그때 지호가 냉큼 답했다.

"늘 현장에 있었다는 것?"

"맞아요. 현장에 직접 있어야 일어난 일들의 문제점을 빨리 파악할 수 있죠. 그리고 또 뭐가 있을까요?"

앗. 뭐가 더 있나? 이번에는 지호보다 먼저 맞춰야 할 텐데.

나는 문득 나이팅게일이 '병사들이 왜 그렇게 많이 죽는지'에 대해 의문을 품었다는 말이 생각났다.

"왜 그런지 의문을 갖는 것?"

"정답이에요!"

제인의 목소리가 경쾌하게 울려 퍼지자 내 어깨가 으쓱해졌다.

"영국군은 병원의 사망률이 높은 건 당연히 부상 때문이라고 생각했어요. 하지만 나이팅게일은 병원 자체에도 문제가 있다는 것을 깨닫고 그 원인을 찾기 시작했죠. 그녀가 군인들의 죽음에 의문을 품지 않았다면 그런 노력도 없었을 거예요."

데이터 마이닝에서 가설을 세우는 것과 유사한 얘기처럼 들렸다.

"사실 나이팅게일이 병원 내 데이터들을 분석했을 때, 그녀가 바꿔

야 하는 건 병원 위생만이 아니었어요."

"또 뭐가 있었어?"

"바로 영국군의 인식이었죠."

그 말이 끝나자마자 지호가 갑자기 외쳤다.

"인포그래픽스!"

우리는 서로 눈빛을 교환했다. 공모전 때 우리의 제안이 다른 제안에 비해 한층 쉽고 간결하게 보였다는 이야기를 많이 들었다. 그래서 아이들이 더 잘 이해했다고 말해 주었다.

"나이팅게일도 데이터를 알기 쉽게 만들어서 군대를 설득한 거야?"

"정답! 두 분 모두 미스 와플이 가르친 보람이 있겠는걸요."

제인의 칭찬에 우리는 활짝 웃었다. 공모전 경험은 데이터 과학자가 하는 일과 모두 관련 있었다. 나는 새삼 미스 와플에게 고마웠다.

"데이터 과학자는 사람들의 생각만큼 현대적이거나 미래 지향적인 직업이 아니에요. 그 본질은 이미 19세기부터 있었지요. 데이터 과학자는 항상 현장에서, 현실 속 문제에 의문을 품고, 문제를 해결할 방법을 찾아 관련 데이터들을 모으고 분석해요. 이때 분석한 결과가 맞는지 계속 확인하고요. 목적을 위해서 데이터들을 엉뚱하게 해석하거나 잘못 분석하면 안 되니까요."

"그러고 나서 정확한 데이터 결과를 누구나 알기 쉽게 얘기할 수 있어야 한다는 거지?"

"네. 그렇습니다."

제인의 목소리에는 우리를 대견해하는 기색이 묻어났다. 이런 감정까지 표현하다니 정말 놀라운 인공지능이다. 그리고 이런 인공지능을 만들어 낸 미스 와플은 더 놀라운 분이고.

"그럼 당장 우리가 할 수 있는 일은 뭘까?"

"하린 양은 정말 데이터 과학자가 되고 싶군요."

"응. 미스 와플 같은 데이터 과학자가 꼭 되고 싶어."

"데이터 과학자는 수학과 컴퓨터 공학 같은 과학 분야만 알면 안 돼요. 오히려 다방면의 지식이 필요하죠. 그러기 위해서 여러 분야에 관심을 갖고 많은 책들을 읽는 게 좋아요."

"책이라고?"

책이라면 질색하는 지호가 머리를 감싸 쥐었다.

"으악…! 국회의원도 책을 많이 읽어야 된다더니, 정말 책을 안 읽어도 되는 일은 없는 거야?"

"음, 다양한 사람들의 이야기를 듣는 것도, 또 많은 경험을 해 보는 것도 좋을 것 같네요. 꼭 책에만 모든 지식과 정보가 있는 건 아니니

까요. 물론 책에서 지식을 얻는 게 가장 쉽겠지만요."

"그럼 코딩이나 프로그래밍 언어 같은 건 안 배워도 돼?"

학교에서 들은 코딩 수업이 떠올라 물으니 제인은 의외의 답을 들려주었다.

"물론 배운다고 해서 나쁠 건 없지만, 지금은 코딩이 뭔지 정도만 알면 돼요. 데이터 과학자가 되기 위해 가장 필요한 것은 문제를 직시하고 그 문제를 해결할 방법을 생각해 내는 '상상력'이에요. 많이 상상하고 공상하고 여유 있게 주변을 둘러보세요. 천천히 해 나가도 돼요. 하린 양은 아직 어리고 앞으로 시간이 많으니까요."

소프트웨어 수업 때 선생님은 코딩의 중요성을 계속 강조했다. 학교 도서관에도 코딩 책이 넘쳐 났다. 그런데 제인은 정말 중요한 건 스스로 '생각하는 힘'이라고 말한다.

그럼 제인 말대로 오늘부터 많이 상상하고 여유 있게 주변을 돌아볼까? 아. 그런데 이거 실컷 놀라는 얘기 같은데!?

개구진 표정으로 나를 바라보는 지호를 보니, 지호도 같은 생각을 했다는 걸 알 수 있었다. 또 마음이 통했나 보다!

빅데이터와 관련된 직업은 무엇이 있을까?

 ➔ **데이터 세계의 히어로, 데이터 과학자!**

우리나라에 '냉수 먹고 된똥 눈다.'라는 속담이 있어. 아무 쓸모도 없는 재료를 가지고 실속 있는 결과를 만들어 낸다는 의미야.

데이터 과학자가 하는 일이 바로 그런 거라고 할 수 있어! <mark>데이터 과학자는 의미 없이 널려 있는 수많은 데이터를 모아 분석해서 의미 있는 메시지를 찾아내.</mark> 그렇다 보니 용량이 크고 다양한 유형의 데이터를 능숙하게 다뤄야 해. 분석한 결과를 사람들과 잘 공유할 수 있어야 하고.

데이터 과학자는 데이터 애널리스트와 데이터 엔지니어로 나뉘어. 데이터 애널리스트(data analyst)는 데이터를 분석해서 사람들과 그 결과를 공유하고 분석한 결과를 현실에 적용해 나가는 일을 해.

데이터 엔지니어(data engineer)는 코딩으로 프로그램을 만들고 데이터 분석을 통해 알고리즘을 만들며 유지 보수하는 일을 하지. 둘 다 데이터를 분석해서 이 회사가 무엇을 잘하고 무엇을 못하는지, 그 못하는 부분을 어떻게 해결할지를 고민한다고 보면 돼. 통계, 수학, 산업 공학을 전공하면 유리하지!

 데이터 광부! 빅데이터 분석가

빅데이터를 활용하는 직업으로는 '빅데이터 분석가(big data analyst)' 또는 '디지털 사이언티스트(digital scientist)'도 있어!

빅데이터 분석가가 되려면 통계 지식을 알아야 해. 또한 회사 경영을 이해하고, 데이터 분석을 위한 프로그래밍 기법도 배워야 하지.

빅데이터 분석가는 실시간으로 쏟아지는 빅데이터를 어떻게 활용할 것인지 기획하는 일부터 시작해. 예를 들어 모바일 쇼핑몰을 운영한다면 요즘 사람들이 즐겨 찾는 키워드는 무엇인지, 어느 사이트에서 얼마나 머물며, 어떤 것들을 주로 사는지 미리 분석해 보는 거지.

대학에서 통계학이나 컴퓨터 공학 등을 전공하면 도움이 될 거야. 빅데이터를 활용하는 기초 지식과 기술을 우선 갖춰야 하기 때문이지. 다만 빅데이터 분석가는 단순히 데이터 연구만 하는 게 아니므로 경영, 마케팅 분야의 지식과 경험을 쌓으면 좋아.

빅데이터와 관련해서 미래에 어떤 직업들이 나타날까?

빅데이터 분석은 분석으로만 끝나지 않아. 다양한 기술과 결합될 수 있어. 한 예로 인공지능을 개발하는 데 쓰는 딥러닝 기술도 빅데이터 덕분에 가능한 거거든. 그래서 앞으로 빅데이터와 관련된 직업은 훨씬 늘어날 거야. 새로운 빅데이터 직업이 탄생한다기보다는 원래 있던 직업에 빅데이터 분석이 결합될 확률이 높아.

예를 들어 미국 월 스트리트의 금융 회사들에는 주로 경영을 전공한 MBA(경영학 석사, Master of Business Administration) 출신의 직원들이 많았어. 그런데 요즘은 수학과 산업 공학을 전공한 데이터 과학자나 빅데이터 분석가가 많이 일해. 경영을 전공한 사람들이 산업 공학이나 통계를 따로 배우기도 해.

범죄자의 심리를 꿰뚫어 보는 프로파일러들도 빅데이터를 이용하게 될 거야. 전 세계 수많은 범죄인들의 데이터와 범죄 수법들을 수집해서 분석하면 지금까지보다 더 정확하게 범인의 심리를 예측할 수 있어.

빅데이터 큐레이터도 있어. 빅데이터 큐레이터는 빅데이터에서 수

집한 유용한 정보를 가지고 서비스나 정책을 만들어 제안하는 직업이야. 기획 일을 하는 사람들 혹은 정부에서 정책을 만드는 행정가들을 빅데이터 큐레이터가 도울 수 있을 거야. 기업이 상품을 개발하고 국가가 정책을 수립할 때 빅데이터 큐레이터의 제안들이 사람들의 편리한 삶을 위해 유용하게 쓰이겠지?

⟶ 그렇다면 우리는 지금 무엇을 할 수 있을까?

데이터 세계와 컴퓨터의 세계는 시시각각 변하고 있어. 그래서 지금 당장 프로그래밍 언어 등을 배우기보다는 내가 원하는 결과가 무엇인지 예측하고 거기에 맞는 데이터를 골라서 분석하는 감각을 먼저 키워야 해. 주변을 잘 살피고, 불편한 게 있다면 그게 왜 불편한지, 어떻게 하면 좋아질 수 있을지 늘 생각해 보는 거지.

코딩이 기차를 만드는 거라면 데이터 마이닝을 하는 건 기차 노선을 정하는 일이야. 데이터를 어떻게 이용할지 감각적으로 안다는 건 사람들에게 편리한 기차 노선을 정할 수 있다는 뜻이야. 그러니 데이터 과학자나 빅데이터 분석가가 되고 싶다면 무엇이 사람들을 위한 것일지 많이 상상하고 생각했으면 좋겠어!

이야기 다섯

미스 와플이 이상한 상점에 온 까닭은?

"지난번에 충분히 이야기하지 않았나. 나는 자네들과 일하지 않을 거야."

상점 안에서 들려오는 목소리는 평소와 다르게 격앙되어 있었다. 미스 와플이었다. 상대방의 목소리는 들리지 않았다. 지호와 나는 문 밖에서 차마 안으로 들어가지 못하고 서성였다.

"무슨 일이지?"

걱정스러운 눈빛으로 기웃거렸지만 싸우는 소리는 멈추지 않았다. 하필이면 오늘따라 상점을 찾는 아이들도 없었다. 그냥 집으로 돌아갈까 고민했지만, 이놈의 호기심이 문제였다.

우리는 상점의 옆으로 조심히 움직였다. 조용히 가방을 내려놓고서 고개를 빼어 창문 안을 살폈다.

어떤 남자가 미스 와플에게 말하고 있었다. 미스 와플은 남자의 말을 듣지 않겠다는 듯 몸을 돌리고 계셨다.

"이만 돌아가게."

미스 와플이 크게 외치자 남자는 한숨을 쉬고는 상점을 나섰다. 우리는 서둘러 창문에서 떨어져 나와 재빨리 몸을 숨겼다. 수상한 남자는 나오자마자 휴대폰을 꺼내서 전화를 걸었다.

"오늘은 안 될 것 같습니다. 너무 완고하세요. 네. 네. 알겠습니다."

뭐가 안 된다는 거지? 미스 와플이 일하지 않겠다고 말하는 걸 보니 뭔가 미스 와플에게 일을 맡기려고 했던 걸까? 혹시 위험한 일이거나 나쁜 일? 거기까지 생각이 다다른 우리는 사라지는 남자를 노려보았다.

"저 사람이 누굴까?"

"몰라. 근데 되게 재수 없지 않았어?"

지호와 눈을 마주치며 고개를 끄덕이던 그때였다.

"너희 여기서 뭐하니?"

갑자기 들려온 목소리에 우리는 깜짝 놀라 뒤돌아보았다. 미스 와플이 평소처럼 웃으며 우리를 보고 계셨다.

"할머니."

"그래. 오늘도 와 주었구나. 들어오렴."

우리는 미스 와플을 따라 상점 안으로 들어갔다. 그런데 여느 때처럼 코코아를 타려고 찻잔을 내리는 미스 와플의 손이 작게 떨리고 있

었다. 평소와 다를 바 없이 우리를 대해서 몰랐는데, 아무래도 조금 놀라신 것 같다. 아까 그 수상한 아저씨 때문일까?

그날 이후 지호와 나는 학교가 끝나고 매일 이상한 상점에 갔다. 이상한 상점이 문을 열었건 아니건 늘 들렀다. 전처럼 재미와 호기심으

로 가는 것이 아니라 미스 와플이 걱정되어서 지나칠 수 없었다. 만에 하나 미스 와플을 괴롭히는 사람이 있다면 우리가 어떻게든 돕고 싶었다.

"근데 우리 탐정이 된 것 같지 않아?"

"탐정이라기보다는 보디가드?"

"너 솔직히 재밌지?"

지호가 왠지 신나 보여서 톡 쏘아붙이자 지호가 진지하게 말했다.

"아예 재미있지 않다면 거짓말인데. 할머니도 걱정돼. 정말 경찰에 신고하지 않아도 되는 걸까?"

"경찰에 뭐라고 신고할 건데?"

"그러게. 할 말이 없네."

아무리 생각해도 할머니를 도울 뾰족한 수가 떠오르지 않았다. 게다가 나흘째 이상한 상점을 살펴보는데도 그 수상한 아저씨는 나타나지 않았다. 그냥 별 일 없이 지나가는 걸까? 이제 춥기도 하고 위험하기도 해서 슬슬 그만할까 생각하던 찰나였다.

"엇."

나는 지호를 끌어당겨 재빨리 상점 옆에 숨었다. 그 수상한 아저씨였다. 우리는 몸을 숙이고 아저씨를 살펴보았다. 하는 행동이 여지없

이 수상했다. 주변을 두리번거리더니 이상한 상점의 간판을 노려본다.

"아직 안 연 건가?"

아저씨는 바로 휴대폰을 꺼내 문자를 보내고 그곳을 벗어났다.

지호와 나는 아저씨가 내려가는 길을 유심히 살펴보았다. 아저씨는 편의점으로 잠깐 들어갔다 나오더니 다시 꺾어진 길목으로 들어섰다. 우리는 후다닥 편의점 앞을 내려갔다. 쫓아갈까? 고민 끝에 지호와 나는 눈빛을 교환했다. 심장이 귀에서 뛰는 것처럼 쿵쾅 소리가 들리는 것 같았다. 우리는 아저씨가 간 길목으로 들어가기로 마음을 먹었다.

그때였다.

"얘들아."

낯익은 목소리에 우리는 흠칫 놀라 뒤를 돌아보았다. 거기에는 장바구니를 들고 있는 미스 와플이 있었다.

"여기서 뭐하는 거니?"

할머니의 걱정스러운 얼굴에 우리는 꿀 먹은 벙어리가 되었다.

아. 큰일 났다.

"아니. 글쎄. 이 녀석들아."

미스 와플은 좀처럼 가만히 앉아 있지 못하고 왔다 갔다 했다.

"그 사람을 쫓아갈 생각이었다니. 내가 얼마나 놀랐는지 아니? 그 사람이 나쁜 사람은 아니지만 만약 진짜 나쁜 놈이었으면 어쩌려고?"

나와 지호는 아무 말도 못하고 고개를 숙였다.

"미스 와플. 하린양과 지호군이 왜 그랬는지도 들어 보셔야 하지 않을까요?"

이제까지 아무 말 없던 제인이 말했다.

"그래. 너희들 어째서 그 사람을 쫓아간 거니?"

나와 지호는 그제야 쭈뼛거리며 입을 열었다.

"실은 지난주에 상점에 왔다가 아까 그 아저씨랑 할머니께서 싸우고 계신 걸 봤어요."

"할머니께서 아무 말씀이 없으셨지만, 그때 많이 놀라신 것 같아 내내 마음이 쓰였어요. 그 아저씨가 너무 수상하기도 했고, 아까 전에는 더 수상했거든요."

"이건 미스 와플이 설명을 안 해 준 탓도 있네요."

제인이 말을 하자 미스 와플이 한 손으로 이마를 짚으셨다.

"그렇구나. 너희에게 그날 일을 제대로 설명을 했어야 했는데. 하지만 얘들아. 이런 일은 일단 어른들께 말씀을 드리면 안 될까? 너희에게 무슨 일이 생겼다면 부모님이 얼마나 놀라시겠니."

미스 와플은 우리에게 다가와 손을 꼭 잡았다.

"그래도 나를 위해 마음 써 주다니 고맙구나. 내가 복이 많아."

"맞아요. 미스 와플."

제인이 말을 거들자 미스 와플은 미소를 지었다.

"너희가 쫓아가던 남자는 말이다. 사실 예전에 나와 함께 일하던 데이터 과학자란다."

미스 와플은 말을 멈추고 씁쓸하게 웃었다.

"우리 빅데이터에 대해서 계속 얘기했지?"

"네."

"너희도 알다시피 수많은 데이터들을 어떻게 분석하고 현실에 적용하느냐에 따라 많은 일을 할 수 있어. '구슬이 서 말이라도 꿰어야 보배'란 속담 알지? 흩어진 구슬들을 꿰어 보물로 만드는 작업이 바로 빅데이터 분석이야. 하지만 만약 구슬을 잘못 꿰었다면 어떨까?"

구슬을 잘못 꿴다고? 그럴 수도 있을까?

"2018년 초에 일어난 일이란다. 전 세계 사람들이 이용하는 소셜 미디어인 '페이스북'과 영국의 케임브리지 애널리티카(Cambridge Analytica)라는 회사가 페이스북 이용자 8천 7백만 명의 정보를 수집한 적이 있어. 이용자의 동의도 없이 말이야."

"8천 7백만 명이나요?"

엄청난 숫자에 우리는 입을 딱 벌렸다.

"그래. 영국 케임브리지대학교의 데이터 과학자 알렉산드르 코간(Aleksandr Kogan)은 '당신의 디지털 생활(This Is Your Digital Life)'이라는 성격 퀴즈 앱을 케임브리지 애널리티카에게 개발해서 주었어. 케임브리지 애널리티카는 이 앱을 수십만 명의 페이스북 사용자에게 제공했어. 순전히 학문을 연구하기 위한 앱이라고 하면서 말이야. 휴대폰에 앱을 깐 사람들은 이 앱에 대한 사용 동의서를 작성했지. 그런데 이 동의서가 개인 정보 수집에 대한 동의까지 한꺼번에 처리하는 거였던 거야. 사람들은 그 동의서가 자신은 물론 친구들의 개인 정보까지 전부 수집하는 거라고는 전혀 알지 못했어."

"그게 가능해요?"

"그래. 당시 동의서는 앱을 사용하는 데만 필요한 것처럼 되어 있었거든. 하지만 케임브리지 애널리티카는 이 정보들로 데이터 분석을 했고, 그걸 토대로 사람들의 공포와 증오를 자극하는 가짜 뉴스를 만들어 퍼뜨렸단다. 투표 여론도 조작했지."

미스 와플의 말이 너무도 놀라워 나는 되물었다.

"그러니까 우리의 동의도 없이 우리의 정보를 수집해 분석하고, 그

걸로 가짜 뉴스까지 퍼뜨렸다고요?"

"그래. 이런 일도 빅데이터가 있어서 가능해졌지."

"하지만 그걸 이용한 사람이 잘못된 거지, 빅데이터가 잘못된 건 아니잖아요."

미스 와플이 고개를 끄덕였다.

"맞아. 너희가 본 그 남자는 빅데이터를 장사 수단으로 보는 회사에 다닌단다. 그 회사는 정보를 가공해서 파는 회사야. 케임브리지 에널리티카처럼 불법적으로 일하는 건 아니지만, 거의 불법에 가깝지. 그래서 함께 일하자는 제안을 거절한 거야. 난 내 식대로 일하는 게 좋아. 특히 여기서 너희들과 이야기하면서 빅데이터가 더 나은 세상을 만들 수 있게 하는 프로그램을 개발하고 싶거든."

미스 와플이 애써 긍정적으로 말했지만, 빅데이터에 담긴 또 다른 이야기에 분위기는 차분해졌다.

지호가 머뭇거리며 말했다.

"저는 빅데이터 분석은 마법의 치트키라고 생각했어요. 빅데이터에 대해 배우면서 뭔가 결정할 때마다 데이터 마이닝을 하는 것처럼 분석하거든요. 그런데 빅데이터에도 이런 문제점이 있을 수 있다니 좀 속상해요."

"지호야. 잘만 이용한다면 네 말대로 빅데이터는 마법의 치트키야. 방금 하린이가 말한 것처럼 빅데이터가 잘못한 건 아니니까. 케임브리지 애널리티카의 일이 일어난 후 사람들은 지금보다 강력하게 소비자를 보호하고 개인의 사생활이 침해되지 않도록 하자고 논의했어. 그동안 마구잡이로 쓸 수 있다고 여긴 데이터들에 대해 다시 생각해 볼 계기가 된 거야."

"우리나라는 어땠어요? 우리나라에도 이런 일이 있었나요?"

내 질문에 이번에는 제인이 대답했다.

"우리나라는 개인을 쉽게 알아볼 수 있는 정보인 주민등록번호를 사용해요. 2000년대 중후반부터 통신사나 대형 온라인 쇼핑몰 등에서 개인 정보 유출 사고가 여러 번 있었어요. 그렇다 보니 우리나라의

개인 정보 보호법은 많이 엄격한 편이에요. 2014년에는 무려 신용 카드 회사 세 곳에서 개인 정보 유출 사고가 있었죠. 이때 정부는 금융 회사에서 사람들의 정보를 함부로 쓸 수 없도록 대책을 발표했어요. 그런데 이렇게 정보를 엄격하게 관리하면 쓸 수 있는 데이터가 별로 없어서 빅데이터 활용이 어려워져요."

제인의 대답에 미스 와플이 말을 덧붙이셨다.

"제인 말대로 개인 정보를 보호하는 만큼 수집할 수 있는 데이터들이 적어지지. 그래서 개인의 사생활과 데이터를 모두 지키는 방법을 찾는 게 중요하단다. 지금도 많은 사람들이 노력을 기울이고 있지만 아직 해답을 찾지는 못했어."

말을 멈춘 미스 와플은 창밖 너머로 시선을 돌리셨다. 나는 그 순간 미스 와플 역시 그 고민을 하고 있다는 걸 알 수 있었다. 원래 일하던 곳이 아닌 이곳까지 와서 말이다.

미스 와플이 굳이 초등학교 후문에 이상한 상점을 여는 이유도 어렴풋이 짐작이 갔다. 이곳은 주택가인데다가 초등학교만 있어서 아이들만 오고갈 뿐 번화하지도 않다. 그런데도 미스 와플이 이곳에다 이상한 상점을 연 이유는 '아이들' 때문이 아닐까?

미스 와플을 만나면서 나와 지호는 빅데이터에 대해 재미있게 알 수 있었다. 우리뿐만이 아니라 다른 아이들도 마찬가지다. 어쩌면 미스 와플은 아이들이 빅데이터에 관심을 가질 수 있도록 돕고 싶었던 게 아닐까? 지금보다 더 나은 우리의 미래를 위해서 말이다.

"저도 그 답을 찾아볼게요."

나도 모르게 말이 흘러나왔다. 하지만 말하고 나니 그 말은 정말 진심이었다.

"하린아. 정말 그래 주겠니."

"네. 할머니 덕분에 빅데이터가 얼마나 많은 일을 할 수 있는지 알게 됐어요. 저는 할머니 같은 데이터 과학자가 될 거예요. 분명 사람들에게 피해를 입히지 않고 데이터들을 잘 쓸 수 있는 방법이 있을 거예요. 열심히 방법을 찾아볼게요."

내가 자신만만하게 대답하자 미스 와플의 얼굴에도 환한 미소가 떠올랐다.

"앗. 그럼 내가 국회의원이 되어서 네가 찾은 방법을 사용하도록 법으로 만들게."

지호가 냉큼 끼어들자 나와 미스 와플은 크게 웃음을 터뜨렸다.

"기대할게. 지호야."

"앞으로가 정말 기대되는데요. 미스 와플. 그전에 지호 군은 책부

터 좀 읽어야 하겠지만요."

"으악! 지금은 그런 얘기하지 마."

여느 때와 다름없는 즐겁고 시끌벅적한 하루가 지나고 있었다. 어제와 다른 점이 있다면, 새로운 꿈이 하나 더해졌다는 것. 가슴이 벅차올라서 숨을 크게 내쉬었다.

빅데이터가 지닌 위험성에 대해 알아보자!

빅데이터의 두 얼굴 - '구슬을 올바른 목적을 갖고 제대로 된 방법으로 잘 모았는가?'

2012년, 미국의 대형 슈퍼마켓 체인점 '타깃(TARGET)'에 한 중년 남성이 찾아와 항의를 했어. 고등학생인 딸에게 배송된 광고물에 임신 관련 상품만이 실려 있었기 때문이야. 아직 미성년자인 딸에게 보내는 광고지가 왜 이런 내용이냐고 항의하는 남성에게 직원은 사과했어. 하지만 다음 날 그 남성은 직원에게 전화를 걸어 사과했어. 딸이 정말 임신 중이었던 거야.

 타깃은 어떻게 이런 광고를 보낼 수 있었을까? 타깃은 2002년 데이터 분석 전문가 앤드류 폴(Andrew Pole)을 영입해 '임신 예측 모델' 등을 개발했어. 이 임신 예측 모델을 통해 매장이나 온라인에서 구매한 상품, 타깃 회원 데이터, 인터넷에서 유아용품을 검색한 데이터, 고객의 나이, 자녀 유무 등 데이터를 수집해 분석했어. 이를 통해 임신 중인 고객이 어떤 상품을 구매했고, 어떤 식으로 구매하는지를 알아낸 거지.

 임신 중인 고객에게 임신 예측 모델을 통한 맞춤 광고나 쿠폰을 보내 주는 건 무척 편리한 서비스야. 하지만 이 고등학생에게는 '나만의 비밀'이 들통난 계기가 되었지. 그녀는 빅데이터에게 일거수일투족을 감시당한 기분이었을 거야.

빅데이터는 과거 데이터에 규칙적인 것이 있는지 분석해서 미래의 수요를 예측해. 그래서 사람들이 무의식적으로 느끼는 필요를 발견해 채워 줄 수도 있어. 그렇다 보니 빅데이터를 통하면 각자에게 딱 맞는 맞춤형 서비스를 받을 수 있게 돼. '타깃'처럼 말이야.

여기까지만 보면 빅데이터는 더할 나위 없이 편리하고 유용한 도구야. 하지만 이러한 결과를 내기 위해서는 많은 데이터가 필요하지. 데이터를 얻기 위해 반드시 사람들의 사생활을 침해하고, 앞의 사례처럼 원치 않는 비밀까지도 밝혀지게 돼.

편리한 빅데이터와 사생활을 침해하는 빅브라더는 동전의 양면이야. 떼려야 뗄 수 없는 관계지. 따라서 빅데이터를 산업 발전을 위해

==쓰려면 개인의 사생활 보호와 개인 정보를 침해하지 않으려는 노력을 기울여야 해.== 이를 위해 정보 보안 기술을 개발하는 것도 필요하지만, 정보 보안을 위한 대책도 세워야 해. 빅데이터를 성공적으로 활용하는 일은 개인 정보 침해에 대한 대책이 얼마나 잘 세워져 있느냐에 달려 있거든.

★ 더 읽어 보기

유럽연합(EU)은 2018년 5월부터 일반 개인정보보호법(GDPR, General Data Protection Regulation)을 시행했어. 일반 개인정보보호법은 자신의 정보를 삭제하고 이동할 수 있는 권리를 보장해. 만약 정보 이용에 중대한 위반이 있을 때, 위반한 기업들은 매출의 4%까지 벌금을 내야 해.

우리나라는 2020년에 개인정보보호법과 정보통신망법, 신용정보법 등 데이터 3법을 개정했어. 데이터 3법이 개정되면서 가명 정보는 사람들의 동의 없이도 쓸 수 있게 되었지. 가명 정보가 뭐냐고? 개인 정보에는 개인 정보, 가명 정보, 익명 정보가 있어. 개인 정보는 이름과 주민등록번호, 성별, 주소 같이 확실하게 개인을 알아볼 수 있는 정보야. 가명 정보는 이름을 ○○이나 ××로 바꾼 걸 말하지. 이를테면

'홍길동'이라고 하면 개인 정보고, '홍○○'이라고 하면 가명 정보야. 닉네임도 가명 정보이지. 이 가명 정보도 원래는 개인 정보처럼 사람들의 동의 없이는 쓸 수 없었어. 그에 반해 익명 정보는 통계 수치에 가까워. 예를 들어, 서울에 사는 남성의 수 같은 정보야. 익명 정보는 원한다면 언제든지 구매할 수 있어. 그런데 ==데이터 3법이 개정되면서 가명 정보도 익명 정보처럼 사람들의 동의 없이 사용할 수 있게 되었어.==

==문제는 가명 정보 여러 개를 서로 대조하면 많은 것을 알아낼 수 있다는 거지.== 특히 의료 정보가 문제야. 병원에 기록된 정보들은 건강에 관련된 매우 민감한 정보들이야. 그런데 아무리 가명으로 처리해도, 마음만 먹으면 누구인지 알아볼 수 있거든. 이런 민감한 정보들을 내 동의 없이 사고판다면 그건 꽤 무서운 일이야. 그래서 지금은 데이터 3법을 통해 더 많은 데이터를 확보하는 것과 동시에, 일반 개인정보 보호법처럼 개인 정보를 보호하고 피해를 예방하는 방책을 마련하고자 많은 사람들이 노력하고 있어.

데이터 권력, 현실판 빅브라더가 나타날까?

중국에는 범죄 용의자 추적 시스템 '톈왕'이 있어. 톈왕은 '하늘의 그물'이란 뜻이야. 2019년에 춘절을 맞이해 중국인들이 대이동을 하는데, 이때 소매치기 등을 잡아서 치안을 강화하려는 목적으로 도입된 제도지. 경찰은 스마트 안경을 쓰고 사람들을 감시해.

이 '스마트 안경'이 무엇일까?

이 안경을 쓰면 거리를 다니는 사람들의 '등급'을 최대 1만 명까지 인식할 수 있어. 안경 너머의 사람들 얼굴마다 사각형과 숫자가 뜨는데, 숫자가 바로 등급이지. 이 등급은 그 사람의 인터넷 검색 이력, 인터넷 사용 이력, 구매 내역을 모아서 만든 거야. 2020년까지 중국은 13억 명이 넘는 전 국민들에게 등급을 매길 계획을 세웠어. 말 그대로 하늘에 그물을 쳐서 단 한 사람도 그물에서 빠져나가지 못하게 하겠다는 거지.

문제는 톈왕을 만드는 데 쓰는 데이터들이야. 이 데이터들에는 자의적으로 해석할 수 있는 인터넷 검색도 포함돼. 국민 개개인의 사생활이나 정보를 보호하지 않는데다가, 정부 정책에 반대하는 사람들을 감시하거나 통제하는 등 악용될 여지가 있어. 게다가 13억 국민의 개인 정보를 모았다가 만약 도난당한다면 정말이지 큰일이야.

기술이 발달하며 감시 사회가 나타날 것을 우려하는 목소리가 커지고 있어. IT 강국인 우리나라도 별반 다르지 않아. 집 안에서, 집 밖에서, 거리에서 우리를 빠짐없이 비추는 CCTV, 자동차 블랙박스, 온갖 사물인터넷에 달린 센서 장치, 스마트폰 카메라까지! 물론 그 CCTV나 블랙박스 덕분에 우리나라의 치안은 매우 안정된 편이야. 하지만 개인의 사생활 보호에 취약하다는 비판을 피할 수는 없어.

사람들의 안전을 위한 것이 오히려 사람을 감시하는 시스템으로 돌변하지 않도록 더 많은 정책과 안전장치를 고민해야 해.

 → 데이터와 윤리!

모든 사람에게는 '정보 자기 결정권'이 있어. 정보 자기 결정권이 뭐냐고? 바로 자신의 정보를 언제, 누구에게, 어느 범위까지 제공하고 이용하게 할지를 스스로 결정할 수 있는 권리야. 여기에는 내가 쓴 글이나 사진들이 광활한 인터넷 세상에서 '잊힐' 권리도 있지. 이 권리는 반드시 보호받아야 해.

　그런데 빅데이터를 구성하는 것은 개개인의 정보들이야. 개인의 정보는 보호받아야 하는데, 정보를 보호하기 위해 데이터를 수집하지 못한다면 빅데이터로 할 수 있는 일은 별로 없어져. 빅데이터가 사람들을 이롭게 하는 측면이 있는데도 말이지.

　그렇다면 우리는 이 문제를 해결하기 위해 어떻게 해야 할까?

　정부는 빅데이터 수집과 활용에 관한 윤리적인 가이드라인을 분명히 마련하고 데이터 활용에 대한 피해를 막을 대책들을 고민해야 해.

　기업은 데이터 과학자와 기술 부서를 위해 데이터 윤리에 대한 기준과 교육 프로그램을 만들고, 데이터 윤리를 기업 내 직업 윤리로 자리 잡게 해야 해.

　아울러 학교 등 교육 기관에서 데이터 과학이나 분석만이 아니라

데이터 윤리에 대해서도 가르쳐야 하지.

분명한 것은 비밀이 지켜질 권리, 내가 익명으로 활동할 권리는 편리함이나 경제적인 이득으로 배상될 문제가 아니라는 점이야. 익명으로 숨어 있을 권리, 잊힐 권리는 사생활 보호의 문제를 넘어 민주주의의 뿌리이기도 해. 우리는 개인보다 집단으로 저항하고 또 집단 속에서 저항하는 것이 비교적 안전해. 따라서 개인 정보를 기업의 이윤과 정보 권력을 위해 무방비로 쓰게 하는 건 민주주의의 뿌리를 뒤흔드는 일이야.

그래서 우리는 과학 기술인 빅데이터를 다루면서도 '윤리'에 대한 교육과 진지한 논의를 잊지 말아야 해.

관련 교과 정리

초등 5학년 1학기 실과	6단원 일과 직업탐색
초등 6학년 1학기 실과	3단원 생활과 소프트웨어
초등 6학년 2학기 사회	4단원 변화하는 세계 속의 우리

이야기 하나
· 안지선, 《빅데이터, 미래를 예측하는 기술》

이야기 둘
· Bernard Marr, 《빅데이터 : 4차 산업혁명의 언어》
· 이병태의 유니콘 기업 이야기 29 '미국을 지키는 빅데이터 기업 팔란티어'
· 황승환 '세계에서 가장 수상한 스타트업 팔란티어에 대한 10가지 정보'
· 최설훈 'kings.com 사의 캔디 크러쉬 빅데이터 분석/구축 사례'

이야기 셋
· 박인근, 홍지후, 강남규, 김성호, 정구범 《(4차 산업혁명 현장 전문가가 알려주는) 빅데이터 분석과 활용》
· David Mease 교수 강의 'Statistical Aspects of Data Mining (Stats 202) Day'

- 이재규, 권순범, 임규건 《경영정보 시스템 원론(제2판)》
- Galit Shmueli 등 《데이터마이닝》
- google flu trend - Published: 19 November 2008 NATURE
- 노현호, 민준기 〈빅데이터를 위한 맵리듀스 프레임워크 기반의 효율적인 쿼드 트리 생성 기법〉
- Tom White 《하둡 완벽 가이드》(4판)
- David J. DeWitt, Michael Stonebraker, MapReduce: a major step backwards, Database column blog, 2008

이야기 넷
- 전병국의 데이터스토리 '가장 위대한 데이터 분석가'

이야기 다섯
- Graham-Harrison, Emma; Cadwalladr, Carole (2018.03.17) 〈the Guardian〉 "Revealed: 50 million Facebook profiles harvested for Cambridge Analytica in major data breach"
- 넷플릭스 다큐멘터리 '거대한 해킹'
- 임태훈 《검색되지 않을 자유》
- Kaiser Fung, (2015.11.12) Harvard Business Review "The Ethics Conversation We're Not Having About Data"

국어, 사회, 과학, 기술, 도덕, 경제까지
교과목 공부가 되고 세상의 눈을 키우는 상식도 쌓아 주는
사회과학 동화 시리즈

공부가 되고 상식이 되는! 시리즈 ❶
어린이 생활 속 법 탐험이 시작되다!
신 나는 법 공부!
장보람 지음, 박선하 그림 | 168면 | 값 11,000원

변호사 선생님이 들려주는 흥미진진한 법 지식과 리걸 마인드 키우기!
이 책은 어린이 친구들에게 법률 지식은 물론 실생활에서 일어나는 크고 작은 사건들을 통해 법적 시야를 길러준다. 흥미로운 생활 이야기를 통해 어린이 친구들이 법적 추리, 논리를 배우고 꼭 필요한 시사상식을 알 수 있게 한다. 현직 변호사 선생님이 직접 동화와 정보를 집필하여 어린이 친구들에게 자연스럽게 리걸 마인드(legal mind)를 키워낼 수 있도록 돕고 있다. 생활에 필요한 법 지식을 배우게 되어, 법치 질서가 중요해지는 미래 사회의 인재로 자라나게끔 이끌어준다.

공부가 되고 상식이 되는! 시리즈 ❷
동화로 보는 착한 소비의 모든 것!
미래를 살리는 착한 소비 이야기
한화주 지음, 박선하 그림 | 148면 | 값 11,000원

친환경 농산물, 동네 가게와 지역 경제, 대량생산vs동물복지, 저가상품vs공정상품
이 책은 어린이 친구들에게 현대 사회의 중요 행동인 "소비"를 통해 사회 활동과 경제 활동에 대한 이해를 높이며, 현명한 소비 생활에 대해 생각거리를 던져 주는 동화책이다. 왜 싼 제품을 사면 지구 건너, 혹은 이웃 나라의 아이들이 더 고생하게 되는지, 왜 동네 가게 주인아저씨의 걱정이 대형마트와 관련이 있는지, 어린이 친구 눈에는 잘 이해되지 않는 소비에 관한 진실과 흐름을 들려준다. 세상은 더 연결되어 있고, 나의 작은 소비가 어떤 영향력을 가지는지를 알려준다. 어린이 친구들에게 '소비'라는 사회 행위에 담긴 윤리성과 생각거리를 일깨워 주고 다양한 쟁점에 대해 이야기해 보도록 제안한다.

공부가 되고 상식이 되는! 시리즈 ❸

똑똑한 경제 습관과 금융 IQ를 길러 주는 어린이 금융경제 교육
적금은 뭐고 펀드는 뭐야?
김경선 지음, 박선하 그림 | 120면 | 값 11,000원

동화로 보는 어린이 금융경제 교육의 모든 것!

이 책은 어린이 친구들을 유혹하는 다양한 금융 서비스와 환경에 대해 제대로 살펴보고, 실생활에서 꼭 필요한 금융경제 지식에 대해 알려준다. 이미 선진국에서는 의무교육화된 '어린이 금융경제교육'의 필수 내용을 재미있는 동화로 풀어내고 있다. 어려워 보이는 금융 용어에 대해 이야기로 살펴보며, 경각심을 지켜야 할 부분에 대해 방점을 찍어준다. 금융의 책임감과 편견에 대해서도 바로잡아 주며, 경제에 대한 균형 잡힌 시각을 키워주는 책이다.

공부가 되고 상식이 되는! 시리즈 ❹

우리가 소셜 미디어를 하면서 반드시 알고 지켜야 할 것들의 모든 것!
미래를 이끄는 어린이를 위한 소셜 미디어 이야기
한현주 지음, 박선하 그림 | 152면 | 값 11,000원

1인 미디어, 실시간 정보검색, 온라인 인간관계 길잡이, 올바른 SNS 사용규칙

이 책은 소셜 미디어 시대를 살아가는 어린이들에게 다양한 디지털 기기(스마트폰, 컴퓨터, 미니패드 등)를 통해 접하는 'SNS 서비스가 나에게 어떤 영향을 끼치는지' 재미있는 동화를 통해 깨달아간다. 더 나아가 익명성, 사생활 침해, SNS 중독 같은 사이버 문제를 해결하고 지켜야 할 윤리, 규칙에 대해서도 가르쳐준다. 소셜 미디어와 디지털 기기의 특성을 하나하나 살펴보며 온오프의 균형 감각을 가지고 슬기롭게 생활하는 방법을 일깨워준다.

공부가 되고 상식이 되는! 시리즈 ❺

동화로 보는 SW교육, 사물인터넷, 인공지능 로봇, 로봇 세상의 생활과 진로!
어린이를 위한 인공지능과 4차 산업혁명 이야기
김상현 지음, 박선하 그림 | 163면 | 값 12,000원

과학 기술과 데이터, 로봇과 공존하는 인공지능 시대를 살아갈 어린이 친구들을 위한 과학 동화

이 책은 인공지능 기계와 함께하는 미래에 대해 쉽고 재미있게 알려주며, 정보통신 기술이 가져온 4차 산업혁명에 대해 살펴보는 과학 동화책이다. SW 교육, 사물인터넷, 인공지능, 로봇 세상의 일자리 등 한 번쯤 들어는 봤지만, 구체적으로 무슨 내용인지는 모르는 디지털과학의 영역을 동화로 흥미롭게 살펴본다. 어린이 친구들은 기계와 다른 인간의 고유한 가치와 영역에 대해 자연스럽게 깨닫고, 미래에 필요한 창의적 사고력, 컴퓨팅 사고력을 키우게 될 것이다.

공부가 되고 상식이 되는! 시리즈 ❻

동화로 보는 '4차 산업혁명 시대'에
따뜻한 기술이 가져오는 행복한 미래와 재미난 공학
어린이를 위한 따뜻한 과학, 적정 기술
이아연 지음, 박선하 그림 | 163면 | 값 12,000원

어린이를 위한 "따뜻한 기술과 윤리적인 과학"에 대한 흥미롭고도 실천적인 이야기!

이 책은 동화를 통해, 인간을 이롭게 도우려 탄생한 '기술'에 '나와 이웃' 그리고 '환경, 디자인, 미래'에 대한 인문적 시각을 담은 '적정 기술'을 알려준다. 과학 기술이 발전할수록 오히려 소외되는 이들이 있음을 이야기하며, 과학 기술을 배우는 어린이 친구들에게 '인문적 고민'에 대해 알려주는 생각동화책이다. 4차 산업혁명의 시대에 우리에게 드리운 '빛과 그림자'에 대한 토론거리도 던져 주며, 그 대안이 될 과학 기술인 '적정 기술'에 대해 재미있게 배워볼 수 있을 것이다.

공부가 되고 상식이 되는! 시리즈 ❼

포장 쓰레기의 여정으로 살피는
소비, 환경, 디자인, 새활용, 따뜻한 미래 이야기
미래를 위한 따뜻한 실천, 업사이클링
박선희 지음, 박선하 그림, 강병길 감수 | 144면 | 값 12,000원

버려진 물건에게 새 삶을 주는 따뜻한 실천에 대한 흥미진진한 이야기!

이 책은 생활 속 포장재들의 드라마틱한 여정을 통해 물건의 소비와 쓰레기 문제에 대한 경종을 울리고, 버려진 물건을 재탄생시키는 행동인 '업사이클링'에 대해 이야기한다. 창의적인 아이디어로 버려진 물건에 새로운 가치를 부여하는 '업사이클링'은 나와 이웃, 더 나아가 지구와 미래를 지키는 실천이다. 나, 이웃, 환경과 미래를 생각하고, '만드는 재미'를 일깨워주는 흥미진진한 '업사이클링'의 세계로 안내한다.

공부가 되고 상식이 되는! 시리즈 ❽

동화로 보는 동물학대와 유기,
대규모 축산농장, 동물실험, 동물원에 대한 불편한 진실
어린이를 위한 동물 복지 이야기
한화주 지음, 박선하 그림 | 166면 | 값 12,000원

'산업, 소비, 즐길 거리, 먹거리, 입을 거리'가 된 동물들!

이 책은 인간 사회를 위해 희생되는 동물의 삶과, 산업이 되어 버린 동물들에 대한 이야기를 살펴본다. 그리고 동물들의 희생이 과연 정말 꼭 필요한 것인지 질문하고, 동물의 행복에 대한 다양한 시도를 보여준다. 어린이 친구들은 이 책을 통해 우리 세상에는 다양한 종과 함께 살아가는 것이 무척 중요하다는 것을 깨닫게 될 것이다. 또한 동물의 행복에 대해 깊이 생각해보고, 다양한 나라에서 시도되는 동물 복지에 대한 실천을 보고 지금 우리가 해볼 수 있는 것은 무엇인지 배울 수 있을 것이다.

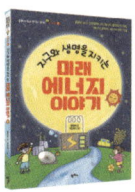

공부가 되고 상식이 되는! 시리즈 ❾

동화로 보는 신재생에너지,
에너지 불평등과 자립, 에너지 공학자, 에너지 과학 기술

지구와 생명을 지키는 미래 에너지 이야기

정유리 지음, 박선하 그림 | 162면 | 값 12,000원

과학 기술의 발전과 함께 전에 없던 새로운 에너지 전환 시대를 준비해 보다!

이 책은 어린이 친구들에게 우리 삶을 지탱하는 '에너지와 그로 인한 에너지 문제'에 대해 설명하며, 지구와 생명을 지키는 미래 에너지에 대해 알려주는 책이다. 재미있는 동화를 토대로 화석 에너지 문제들을 해결할 방안으로 신재생에너지와 에너지 절약과 효율을 높이는 다양한 기술, 그리고 더욱 역할이 중요해지는 에너지 공학자들의 이야기를 들려준다. 더 나아가 에너지 불평등과 자립에 대한 이야기를 통해 나와 이웃을 생각하는 미래에 에너지가 어떤 역할을 할 것인지를 생각해보게끔 한다.

공부가 되고 상식이 되는! 시리즈 ❿

동화로 보는 '미세먼지'를 둘러싼
환경, 건강, 나라, 경제, 과학 이야기

생명을 위협하는 공기 쓰레기, 미세먼지 이야기

박선희 지음, 박선하 그림 | 160면 | 값 12,000원

미세먼지를 어떻게 대처하느냐에 따라 달라지는 두 가지 미래 여행!

이 책은 환경 재앙으로까지 일컬어지는 '미세먼지'에 대해 다양한 시선으로 살펴보며, 미세먼지가 왜 이렇게 심각해졌는지 그 경위를 알아보고 우리의 건강, 깨끗한 환경, 삶을 지키기 위한 실천과 생각거리를 살펴본다. 이 책은 미세먼지에 얽힌 지리적, 과학적, 경제적, 인문적인 이야기를 들려주며, 환경 문제가 결코 단순한 것이 아님을 이야기한다. 미래의 주인공이 될 어린이들이 '미세먼지'에 대해 깊이 이해하는 것만으로도 우리가 지켜야 할 환경, 미래에 대한 가치를 배울 수 있다.

공부가 되고 상식이 되는! 시리즈 ⓫

사라지는 일, 생겨나는 일! 미래 일자리의 변화와 기술, 직업 가치를
생생하게 알려 주는 과학 인문 동화

어린이를 위한 4차 산업혁명 직업 탐험대

김상현 지음, 박선하 그림 | 167면 | 값 12,000원

"달라진 일의 미래, 나는 어떤 일을 하게 될까?"

이 책은 기술 과학이 더욱 발달하는 미래 시대의 꿈을 키워나갈 어린이 친구들에게 일의 변화와 달라지는 직업 가치를 일깨워주는 직업 인문 동화책이다. 어린이들에게 미래 기술과 직업에 대한 연결과 흐름을 보여주고, 필요한 소양에 대해서도 이야기한다. 또한 여가의 증가, 로봇과의 협업 등 달라지는 일의 가치와 이로 인한 생활의 변화도 생생하게 보여 준다. 어린이들에게 4차 산업혁명을 이끄는 핵심 기술 5가지와 관련 직업들을 소개하며 '디지털 과학의 일'에 대한 정보를 안내해준다.

공부가 되고 상식이 되는! 시리즈 ⑫

동화로 보는 미디어 속 가짜 뉴스에 담긴 불편한 진실과
미디어 리터러시 교육!

어린이가 알아야 할 가짜 뉴스와 미디어 리터러시

채화영 지음, 박선하 그림 | 144면 | 값 12,000원

"뉴스는 무조건 믿어도 되는 걸까요?"

이 책은 어린이 친구들에게 편견과 과장으로 점철된 가짜뉴스의 존재를 알려주고, 이를 제대로 파악해 비판적으로 바라보는 시각을 키워주는 미디어 리터러시 동화책이다. 스마트폰으로 미디어가 접근하기 쉬워질수록 어린이 친구들에게 제대로 된 정보와 올바른 생각과 판단능력을 길러주기 위해서는 미디어 해독능력이 반드시 필요하다. 어린이 친구들이 쉽게 접할 수 있는 뉴 미디어 매체를 살펴보고, 각 미디어의 특성과 정보와 지식을 읽는 방법을 안내해준다. 더 나아가 어린이 친구들이 가짜 뉴스의 특성을 파악하여 정보를 체크하는 능력, 비판하는 생각능력도 자라게 될 것이다.

공부가 되고 상식이 되는! 시리즈 ⑬

동화로 보는 해양 쓰레기, 미세 플라스틱, 남획, 바다 산성화,
뜨거운 바다, 그리고 분쟁의 바다

지구가 보내는 위험한 신호, 아픈 바다 이야기

박선희 지음, 박선하 그림 | 161면 | 값 12,000원

"지속 가능한 바다를 위해 우리는 어떤 일을 할 수 있을까?"

이 책은 지구의 70%를 차지하는 바다가 겪고 있는 고통과 위기를 다양한 시선으로 들여다본다. 나날이 심각해지는 해양 쓰레기 문제, 남획과 수산업, 바다 산성화, 바다 분쟁 등 바다를 뜨겁게 달구는 이슈들을 흥미진진한 동화를 통해 생생하게 살펴본다. 쉽고 재미있는 동화를 통해 어린이 친구들에게 바다가 겪는 아픔에 대해 공감력 있게 전달하며 지속 가능한 바다를 지키기 위한 생각과 행동에 대해 이야기한다. 어린이 친구들은 이 책을 통해 아름다운 모습만 보여 주던 바다가 실제로 얼마나 큰 고통을 겪고 있는지를 생생히 볼 수 있으며, 바다를 지키기 위해 어떻게 해야 하는지를 생각해보게 될 것이다.